総合型・学校推薦型選抜で
合格する
志望理由書・小論文の
書き方

石橋知也

▼はじめに

ちょうど、この本の原稿を書き始めようとした時、うれしい知らせがありました。

私が毎年、志望理由書と小論文の書き方講座をしている高校から、

「国公立大学に、総合型選抜と学校推薦型選抜で23名合格しました」

その高校では、毎年夏休みに、志望理由書の書き方を3時間、小論文の書き方を3時間の講義をしており、毎年、20名ほどの合格者を輩出しています。

私が高校で教えているのは合計6時間であり、合格を勝ち取ったのは、何より、生徒が努力したこと、そして、高校の先生方の指導の賜物です。

私自身は、ほんの少しのお手伝いをしたにすぎませんが、たとえ6時間でも関わった生徒のみなさんが合格を勝ち取ったことに、うれしさを感じずにはいられません。

昨年出版した拙著、『総合型・学校推薦型選抜で国公立大学へ行こう!』(エール出版社)にも書きましたが、国公立大学においても、大学入学共通テストを課さず、小論文や面接だけの入学試験を実施する大学が増加しています。

偏差値で輪切りされ受験校を決めるといった、かつての学力重視の入学者選抜から、受験生自身が大学で何を学び、何を実現しようとしているのか、こうした志望動機を重視する入学試験が増えています。

岡山大学では２０２３年度入試より、２次試験の後期日程を廃止し、その定員分を学校推薦型選抜入試にまわすと発表しました。

東京大学や京都大学などの超難関大学も数年前より学校推薦型選抜入試を導入するなど、学力一辺倒だった大学入試のあり方が変わろうとしています。

英語や数学の試験の、１点刻みの点数で合否が判定された大学入試から、総合型・学校推薦型選抜といった人物重視の入試となると、その試験方法は、暗記重視の筆記試験ではなく、小論文や面接、また、大学で何を学びたいのかを問う志望理由を、大学側が吟味・精査するような入試となります。

参考書を片手に、ひたすら英単語を覚え、過去問を解きまくった従来の勉強方法からの大きな転換が図られますが、いかんせん、高校において、英語や数学の授業はあっても、志望理由書や小論文の授業はありません。国語の先生が放課後に、個別に指導しているのが実状で、国語の先生の大きな負担となっています。

２０２２年度からは、普通科高校で「探究」という授業が、週１コマ必修化されています。この「探究」では、生徒が研究したいテーマを決めて、調べて、発表するということが行われています。高校によってその取り組みには温度差がありますが、こうした「探究」を通じて志望理由を書くという流れも、新しい入試の形となっています。

昨今の大学入試においては、私立大学のみならず、国公立大学においても、総合型・学校推薦型選抜を導入していることからも、志望理由書を書いて、小論文の対策をすることは、もはや避けられません。

しかしながら、高校では、志望理由書や小論文の対策の授業をほとんど実施しておらず、結局は、受験生本人が、その対策を独自で行わなければなりません。

冒頭に書いた通り、私が講義をしているような志望理由書や小論文の対策講座を実施している高校もまだまだ少なく、逆に言うと、他校に先駆けて志望理由書や小論文対策をすれば、受験において有利な状況を作り出すことができると言えるでしょう。

たとえ、高校でこうした講義を実施していなくても、本書を手に取ってくださった受験生のみなさんに、簡単で分かりやすい、そして、すぐに書けるような志望理由書と小論文の書き方をお伝えしたいと考えております。

ぜひ、本書を参考に、志望校の合格を勝ち取ることを願っております。

★目　次

第3章

志望理由書のキホン

第4章

志望理由書の書き方「未来」部分のネタ探し

☆目　次

第5章

志望理由書の書き方「過去」部分のネタ探し

第6章

正解のない小論文入試の攻略法

第8章
小論文事例集　考え方のヒント

—第１章—

変化を遂げた大学入試事情

1 様変わりしている大学入試

毎年1月中旬に実施され、全国で50万人もの受験生が挑む大学入学共通テスト。かつては、大学入試センター試験、それ以前は共通一次試験と呼ばれていた試験で、毎年1月の風物詩となっています。

ところが、高校3年生の約半数は、この共通テストを受けることなく、年内で大学入試を終えているのです。

大学入試において、この大学入学共通テストに挑む受験生は、一般選抜試験と呼ばれる学力重視の入試を受験するのですが、昨今の大学入試は、総合型選抜や学校推薦型選抜と呼ばれる入試で大学合格を勝ち取る受験生が多くなっています。

特に私立大学ではその傾向は顕著で、２０２２年度入試では、入学者の57%が総合型・学校推薦型選抜入試の合格者となっており、一般選抜での入学者は半数以下です。

東京大学も２０１６年度入試から学校推薦型選抜を開始するなど、国内のほぼすべての大学で、総合型、学校推薦型選抜入試を実施しています。

学力重視で1点刻みの大学入試から、志望理由書や小論文で受験生の学ぶ意欲や人間性を問う、そのような大学入試が増えてきているのです。

国立大学・公立大学・私立大学

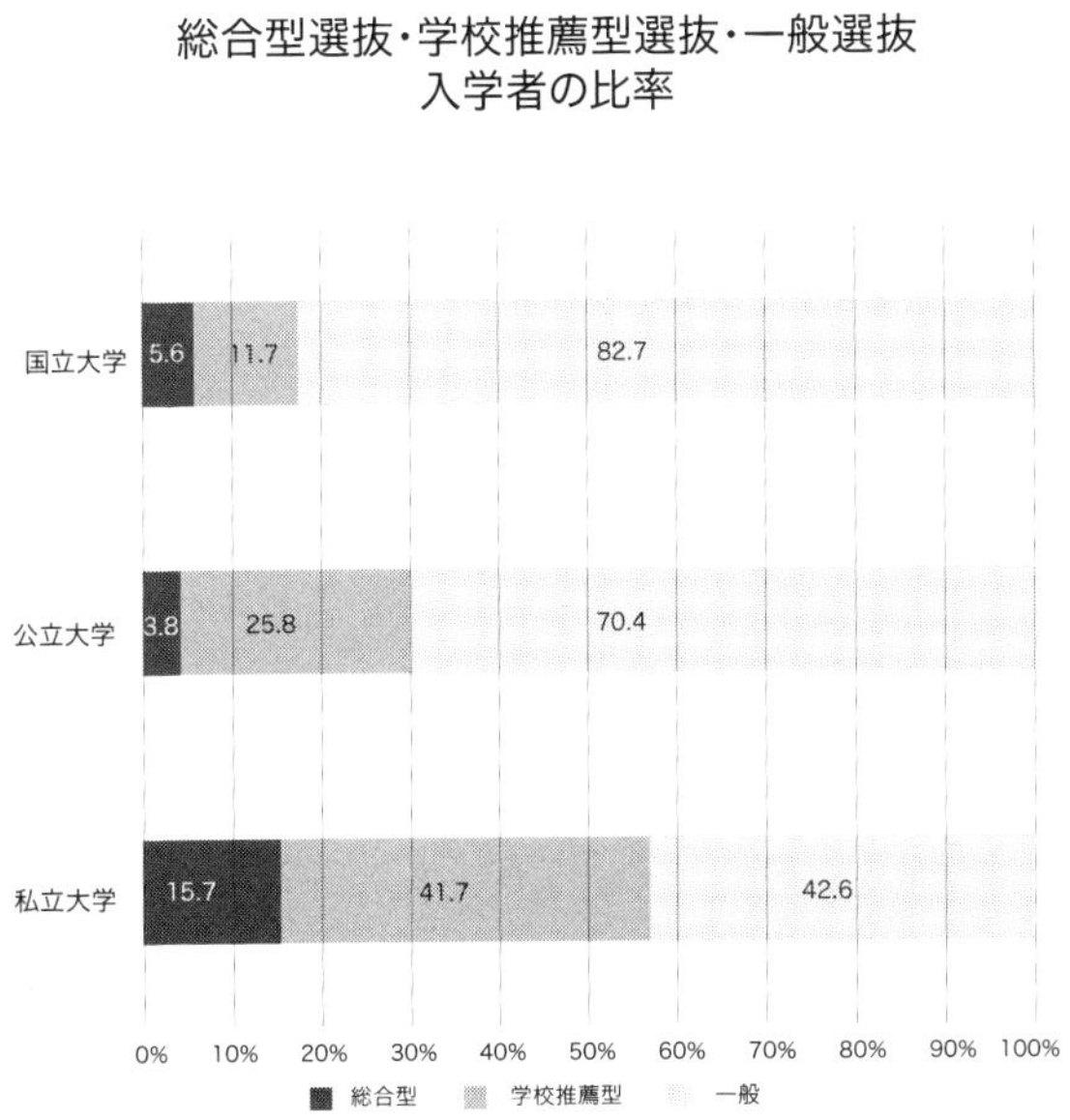

国立大学で約２割、公立大学で約３割は、
総合型・学校推薦型選抜入試で合格して入学しています。

私立大学入学者の６割以上が総合型・学校推薦型選抜の
合格者です。

文部科学省：令和４年度国公私立大学入学者選抜実施状況

2 一般選抜入試とは

大学入試のイメージとして、塾や予備校で参考書を片手に必死に英単語を覚え、時には赤本を片手に過去問を解きまくるといった、ガリ勉タイプの勉強法が思い浮かぶかもしれません。

総合型・学校推薦型選抜が増えてきているとはいえ、学力重視の入試がなくなっているわけではなく、進学校と呼ばれる高校では、このような受験スタイルが一般的です。

国公立大学ならば、5教科を勉強し、大学入学共通テストを受験、そして、2次試験に挑むという受験方法が一般的で、入学定員の7~8割は、この一般選抜で入学しています。

私立大学においては、5教科ではなく、多くは3教科型の入試となっています。文系学部ならば、英・国・社もしくは数、理系学部ならば、英・数・理で、首都圏や関西圏などの有名私立大学の受験は、こうした3教科型の入試が一般的です。一般選抜では、数万人もの受験生が出願するため、一人一人の志望理由書を読むなんてことは事実上できず、学力試験重視で合否を判定しています。

塾や予備校に通いながら、机に向かって必死に勉強して、1~3月ごろに実施される学力重視の大学入試に挑む、これが一般選抜入試です。

一般選抜入試

●　国公立大学

1月中旬　　大学入学共通テスト

国語・地理歴史・公民・数学・理科・英語の６教科で実施
2025年1月から「情報」も加わる

２月下旬〜　２次試験
前期・中期・後期

各大学・学部の課す科目を受験

●　私立大学

1月下旬〜　　一般選抜

文系学部　英語・国語・地歴公民、数学から1科目
理系学部　英語・数学・理科から1科目

ただし、受験科目は各大学・学部によってさまざま

3　総合型選抜入試とは

２０２１年度入試より、大学入試センター試験から、大学入学共通テストに移行されるに伴い、各大学の個別入試の名称も変更されることになりました。

それまで、ＡＯ入試と呼ばれていた入試は総合型選抜、推薦入試と呼ばれていた入試は学校推薦型選抜と呼び方が変更されました。

ＡＯ入試とは、アドミッション・オフィス入試の略称で、直訳すれば、入学者選抜を行う事務所の入試となりますが、実際には、入学者を志望理由書や面接、小論文等で学ぶ意欲や人間性をはかり、大学で学ぶにあたってふさわしい受験生を選抜する入試のことです。つまり、ざっくり言うと、人物本位の入試方法となります。

総合型選抜のメリットとして、学ぶ意欲や志望動機が重視されることです。

たとえば、英語の先生になりたい受験生が、理科が苦手だったとしましょう。大学入学共通テストでは、その苦手な理科が足を引っ張り、結果、志望校に合格できないかもしれません。しかし、総合型選抜では、学ぶ意欲や将来の先生像がしっかりしていれば、その姿勢が評価され、合格を勝ち取れるかもしれない入試方式です。

こうした人物重視の選抜方法が、総合型選抜入試の特徴と言えます。

総合型選抜入試

志望学科	
氏　　名	

志 望 理 由 書

総合型選抜入試では、６００～１０００字程度の志望理由書を書いて提出することが求められる

4 学校推薦型選抜入試とは

学校推薦型選抜は、数十年前よりあった入試方法で、スポーツ推薦や指定校推薦といった入試方法のことです。また、公募制推薦という、面接や小論文といった入試ではなく、学力重視の筆記試験型の推薦入試もあり、こうした入試は関西圏の大学で多く見られます。

学校推薦型選抜入試は、その入試方法は大学によって様々です。

面接のみ、面接と小論文、小論文のみ、英語や数学の学科試験あり、共通テストの受験が必須など、大学・学部学科によって様々で、個々に選抜方法を調べる必要があります。

また、高校時代の評定平均を問われることも多く、5段階評価で3.5以上とか、4.0以上といった基準を設けている大学もあります。

先のページで述べた総合型選抜入試でも、面接のみ、小論文のみといった入試もあり、学校推薦型選抜入試との違いが分かりにくいのですが、明確に違う点として、学校推薦型選抜の場合は、在籍する高校の校長名での推薦書が必要となります。

総合型選抜入試の場合は、高校の校長名の推薦書は不要で、「自己推薦」のような入試ですが、学校推薦型選抜の場合は、「学校推薦型」という名の通り、高校の校長名での推薦書を提出することが出願の条件となります。

学校推薦型選抜入試

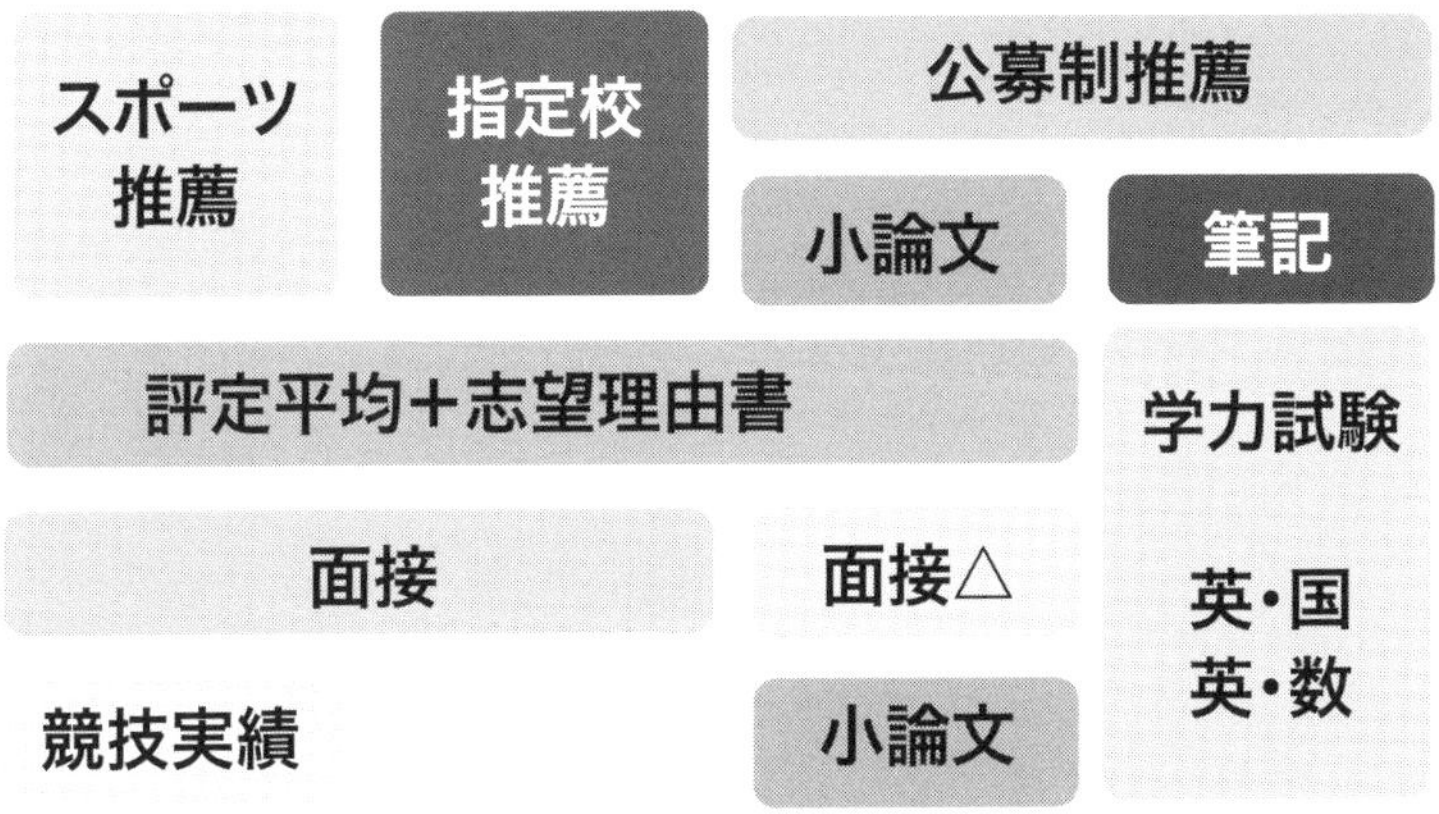
スポーツ推薦
指定校推薦
公募制推薦
小論文
筆記
評定平均＋志望理由書
学力試験
面接
面接△
英・国
英・数
競技実績
小論文

学校推薦型選抜入試は、各大学・学部によって入試方法は様々です。
公募制推薦においても、小論文を重視する方式、面接を重視する方式のほか、
志望理由書は不要で、学力試験を重視する方式の入試もあります。

上記は、代表的なケースであり、個々の大学によって違いはあります。

５　国公立大学も総合型・学校推薦型選抜を実施

総合型選抜入試や学校推薦型選抜入試は、「学力試験が不要」「Ｆランクの大学が学生確保のために実施」といった報道がされたこともあり、偏差値が低いとされる大学が、学校経営上、学生数を維持するために、誰でも入学させているといったイメージを持たれている読者の方もおられることでしょう。

しかし、早慶やＭＡＲＣＨ、関関同立といった難関と呼ばれる大学でも実施されており、これら難関大学においても、入学者の半数近くが、一般選抜以外の総合型・学校推薦型選抜だという大学もあるほどで、多くの大学で実施されています。

では、国公立大学はどうでしょうか。総合型・学校推薦型選抜を実施している国公立大学は増加傾向で、２０２３年度入試においては、入学試験を実施する国公立１７８大学のうち、総合型選抜が、１０４大学３４３学部で、学校推薦型選抜が、１７２大学４９６学部で実施されています。

２０２３年度入試からは、岡山大学が、一般選抜後期日程を廃止し、その定員分をまるごと学校推薦型選抜に移すなど、受験生の「学ぶ意欲」を問う入試へとシフトしています。

総合型選抜入試実施状況

実施年度	国立			公立			私立			計		
	大学数	学部数	入学者数	大学数	学部数	入学者数	大学数	学部数	入学者数	大学数	学部数	入学者数
令和２年度	(73.2%) 60	(55.6%) 223	(4. 2%) 4,106	(39.1%) 36	(30.4%) 62	(3. 3%) 1,089	(86.0%) 511	(79.2%) 1,485	(12.1%) 59,846	(79.0%) 607	(71.4%) 1,770	(10.4%) 65,041
令和３年度	(76.8%) 63	(62.5%) 250	(5. 5%) 5,342	(40.0%) 38	(36.2%) 76	(3. 8%) 1,287	(90.8%) 542	(87.9%) 1,654	(14.7%) 71,292	(83.1%) 643	(79.5%) 1,980	(12.7%) 77,921
令和４年度	(78.0%) 64	(61.8%) 243	(5. 6%) 5,439	(40.0%) 38	(36.5%) 76	(3. 8%) 1,294	(91.4%) 550	(89.5%) 1,708	(15.7%) 78,175	(83.7%) 652	(80.8%) 2,027	(13.5%) 84,908

学校推薦型選抜入試実施状況

実施年度	国立			公立			私立			計		
	大学数	学部数	入学者数	大学数	学部数	入学者数	大学数	学部数	入学者数	大学数	学部数	入学者数
令和２年度	(92.7%) 76	(71.6%) 287	(12.4%) 12,089	(97.8%) 90	(95.1%) 194	(25.3%) 8,386	(98.3%) 584	(99.2%) 1,860	(44.4%) 218,889	(97.7%) 750	(94.4%) 2,341	(38.4%) 239,364
令和３年度	(90.2%) 74	(67.8%) 271	(11.9%) 11,585	(98.9%) 94	(96.2%) 202	(25.8%) 8,809	(99.7%) 595	(99.5%) 1,873	(41.5%) 206,150	(98.6%) 763	(94.1%) 2,346	(36.0%) 226,544
令和４年度	(93.9%) 77	(71.0%) 279	(11.7%) 11,450	(98.9%) 94	(97.1%) 202	(25.8%) 8,823	(99.7%) 600	(99.2%) 1,893	(41.7%) 207,184	(99.0%) 771	(94.6%) 2,374	(36.2%) 227,457

（注）（　）は大学数・学部数・入学者数それぞれの全体数に対する割合である。

文部科学省：令和４年度国公私立大学・短期大学入学者選抜実施状況の概要

6 国公立大学の総合型選抜

総合型選抜とは、高校の校長名での推薦書が不要の入試です。受験生が志望大学の受験の基準を満たせば、推薦書がなくても出願ができる入試です。

ただ、総合型選抜においても、高校での評定平均で、3.8以上、4.3以上といった一定基準以上を求める大学があるほか、実用英語技能検定（英検）2級以上といった基準を設定している大学もあります。

総合型選抜では、面接や小論文といった試験が多いのですが、大学によっては、英語や数学の学力試験を課すところもあるほか、口頭試問という、いわば、口頭の面接試験で、受験生の基礎学力や学部学科の専門知識等をはかる入試を実施する大学もあります。

総合型選抜では、受験生自身の高校時代の取り組み（過去）と、大学進学後に学びたいこと（未来）について問う入試で、その受験生の「過去」と「未来」を総合的に評価する入試となります。

国公立大学の総合型選抜の定員は、各大学・学部で数名程度と少ないですが、挑戦する受験生もその2～5倍程度と、その競争率が一般選抜より少ない大学もあります。

大学で学びたい意欲がある受験生においては、チャンスではないでしょうか。

国公立大学の総合型選抜　実施例

	山形大学 農学部	和歌山大学 観光学部	山口県立大学 看護栄養学部 栄養学科
募集人員	５名	２０名	８名
共通テスト	なし	なし	なし
個別試験	レポート プレゼン 面接	プレゼン 面接	ディスカッション 面接
調査書	評定基準なし	３．５以上	理科４．０以上
志望理由書	要	要	要
各種資格等	なし	英検２級以上	なし

各大学：令和５年度入学者選抜の実施例

7 国公立大学の学校推薦型選抜

国公立大学では、総合型選抜だけでなく、学校推薦型選抜を導入する大学が増加傾向です。

学校推薦型選抜は、これまでも述べているとおり、高校の校長名の推薦書が必要です。

たとえば、東京大学の学校推薦型選抜は高校からの推薦人数は最大４名となっているなど、高校ごとに出願者数の制限を設けている大学があります。

また、面接や小論文といった入試方法で選抜をしたのち、1月に実施される大学入学共通テストを受験し、その点数が一定基準以上であることを合格の条件としている大学もあります。先述の東京大学もその一つで、国公立大学では、共通テストを必須としている大学も多く見られます。

それぞれの国公立大学の学校推薦型選抜の方法ですが、面接、小論文、筆記試験など、その入試は様々です。

また、県立や市立大学といった公立大学においては、大学のある県や市に在住、もしくは通学する受験生しか出願できないといった「地域枠」を設けている大学もあるので、各大学の入試要項をよく確認するようにしましょう。

国公立大学の学校推薦型選抜　実施例

	北見工業大学 工学部	高知大学 農林海洋 科学部	長野大学 全学部
募集人員	103 名	7 名	91 名
共通テスト	なし	なし	なし
個別試験	基礎学力試験 面接	口頭試問 面接	国語 面接
調査書	評定基準なし	３．８以上	評定基準なし
志望理由書	要	要	要
各種資格等	なし	なし	なし

各大学：令和５年度入学者選抜の実施例

8 私立大学の総合型・学校推薦型選抜

私立大学の総合型・学校推薦型選抜の方法は、それぞれ、各大学が独自の入試方法で実施されています。

面接のみという、実質、学力を問わないような「ザルのような入試」があることは否定しませんが、逆に、一般選抜のほうが合格しやすいと思われるような超難問の入試を実施している大学もあります。

特に、早慶やMARCH、関関同立と呼ばれる難関私大の総合型選抜や学校推薦型選抜は、小論文等で、時事問題やSDGsについて、より詳細な知識と、それを伝えるプレゼンテーション能力といった高い見識や技能が求められ、その対策のための塾もあるほどです。つけ焼き刃的な対策ではとても太刀打ちできないレベルで、その対策の塾に通う費用も100万円前後など、簡単に突破できる入試ではないと言えます。

また、指定校推薦で大学を決める生徒も多くなっています。かねてからの志望校に指定校推薦で合格を勝ち取ることは喜ばしいことですが、受験勉強から逃げたいと、合格できそうな大学を安易に選んで決めることは推奨しません。

有意義な学生生活を過ごすためにも、じっくり大学を選ぶようにしましょう。

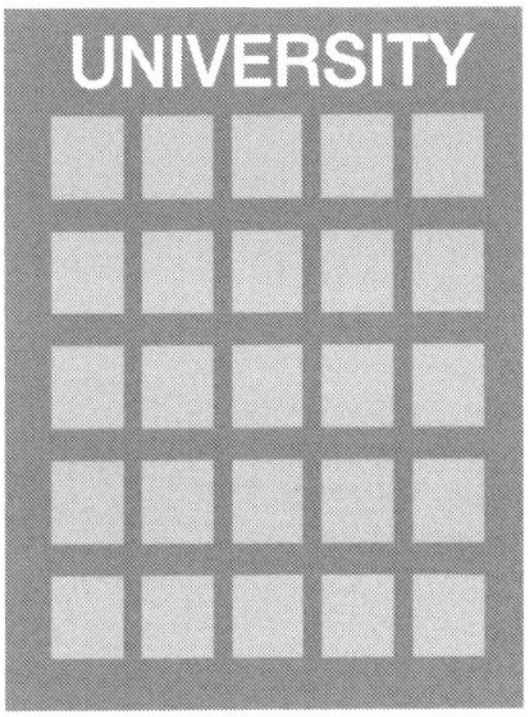

受験生に人気の高い難関大学の
総合型・学校推薦型選抜は

小論文等の対策が必要

「入れる大学」ではなく「入りたい大学」へ

―第２章―

総合型選抜・学校推薦型選抜入試合格へのカギ

1 高大接続改革について

本書の本題である志望理由書と小論文の対策を説明する前に、なぜ志望理由書や小論文が入試において、その必要性を増しているのかを述べておきます。

第1章でも述べた通り、大学入試は、学力重視の一般選抜から、志望理由や小論文を重視する総合型選抜や学校推薦型選抜へとシフトしています。

こうした動きには、文部科学省が進める高大接続改革がその背景にあります。

高大接続改革について、文部科学省はホームページ上で次のような説明をしています。

> グローバル化の進展、技術革新、国内における生産年齢人口の急減などに伴い、予見の困難な時代の中で新たな価値を創造していく力を育てることが必要とされています。高大接続改革においては、高等学校教育、大学教育、大学入学者選抜を通じて学力の3要素を確実に育成・評価する、三者の一体的な改革を進めることが極めて重要であるとし、これらの改革に向けての取組みを着実に進めています。

この文部科学省の記述にある「学力の3要素」とは、「知識・技能の確実な習得」「思考力・判断力・表現力」「主体性を持って多様な人々と協働して学ぶ態度」のことで、この3要素を大学入試で評価し、合否の判断材料にせよ、としています。

とは言え、知識の有無は従来のペーパーテストで判定できるものの、思考力や主体性などを、国語や理科といった5教科のペーパーテストで判断するのは困難です。

そこで大学側としては、受験生が大学で何を学ぼうとしているのか、その意欲を志望理由書に書かせ、かつ、面接で意思を確認し、さらに、小論文で、受験生の知識・思考力・表現力などを評価する選抜方法へと舵を切っているのです。

かつて、文部科学省が進めた「ゆとり教育」という政策がありました。知識偏重・暗記型の詰め込み教育から、思考力を鍛える教育に重きを置くもので、授業数や学習内容を減らした政策を２００２年度から進めました。

賛否両論あった「ゆとり教育」ですが、学力の低下の指摘から、２０１１年度に、授業数などが２００２年度以前に戻されることとなりました。

この「ゆとり教育」が浸透しなかった最大の原因は、大学入試を変えなかったことと言われています。高校の授業数を減らして、でも、入試が知識偏重型だと、結局、受験生は、塾や予備校で勉強せざるを得ません。

高大接続改革は、大学入試を変革せずに導入したかつての「ゆとり教育」の反省を踏まえ、大学入試の改革をしているのです。

2 学力偏重の入試からの改革

2021年度入試から導入された大学入学共通テストは、思考力を問う問題が多く出題されていますが、かつての大学入試センター試験では、知識量を問う出題が多くされていました。

では、なぜ、大学入試センター試験は、知識量を求めていたのでしょうか。

大学入試センター試験が実施された1990年度は、1970年代前半の第二次ベビーブームで誕生した子どもたちが18歳を迎えようとしていた時期と重なります。

2022年の18歳人口は112万人ですが、1990年度は200万人。受験戦争という言葉通り、大学入試のために必死に勉強し、「1浪2浪は当たり前」と呼ばれていた時代で、予備校がこの世の春を謳歌していた最盛期の時代です。

その受験生を受け入れる大学は2022年現在、全国に807ありますが、1990年当時は507でした。受け皿が少ないと必然的に不合格者があふれ、浪人覚悟で受験をすることが珍しくなかったのです。

受験生が多くなると、大学側は、その多くの受験生を「振るいにかける」必要があります。高校での学習量をもとに、知識量で合否を判定する入試方法が、公平で、かつ、短期間で選別できる合理的な入試の方法だったことは間違いありません。

しかし、１９９５年度以降、ピークを超えた18歳人口は減少の一途ですが、逆に大学の数は増加し、結果、大学は定員割れを起こすようになります。

また、この30年の間に、インターネットの出現、スマートフォンの誕生など、人間社会においても大きな変革がありました。インターネットやスマホの登場は、情報を瞬時に手に入れることができるため、社会で求められる人材像も変化することになります。

情報を瞬時に手に入れることができなかった時代では、たとえば、日常生活において、家電製品が動作しないとか、料理の味付けがうまくいかないという困ったことがあった場合、図書館で調べるか、誰か知っていそうな人に電話で聞くしか解決方法がありませんでした。そうした時代では、何でも知っている知識豊富な人材が重宝されたのです。

しかし、今や、スマホで簡単に情報が手に入る時代です。

頭にある知識の量はそれほど重要視されず、スマホ等で入手できる情報をどのように活用していくのか、こちらの方が重要視される時代となっています。

したがって、知識量よりも、得た知識をどのように活用していくのか、その思考力が問われる時代となっています。

思考力が問われる大学入試改革は、実は、世の中の変化に連動しているのです。

3 志望理由書の対策には探究が必要

第1章でも述べた通り、大学へ入学するには、学力のガチンコ勝負を挑む一般選抜以外に、志望理由書や小論文、面接に重きを置く総合型選抜や学校推薦型選抜といった入試も浸透しています。

国公立大学の入学者の3割程度は一般選抜以外の入試で、私立大学に至っては半数以上が一般選抜以外の入試方法で入学しています。

総合型選抜や学校推薦型選抜といった入試方法においては、出願時に、大学で何を学びたいのかを志望理由書に書いて提出し、入試当日は、出題された問題文に対して、自身の意見を書く小論文といった試験を突破しなければなりません。

しかし、こうした志望理由書や小論文といった授業を実施している高校はほとんどなく、放課後に、担任、国語の先生、進路指導部の先生が個別に指導しているのが現状です。

その志望理由書ですが、大学に進学して学びたいことを書かなければなりません。

「グローバルな人材になりたいので、そのために経済を学びたい」「幼稚園の先生になるための勉強をしたい」と書くのですが、では、

「そのために高校時代に取り組んだことは？」

と問うと、ほとんどの高校生が答えに詰まります。

先のページで述べた高大接続改革は、高校と大学を「接続」させる入試改革を指すものですが、受験生自身も、高校で学んだことと、大学で学びたいことを「接続」させなければなりません。

商業科や工業科の生徒であれば、「高校で簿記会計を学んだ↓将来、自分の店を持つために経営学を学びたい」とか、「自動車のエンジンの構造について学んだ↓騒音の少ないエンジンの研究をしたい」など、高校の授業と大学の研究が容易に「接続」できます。

しかし、国語や数学といった共通テスト対策の５教科中心の授業をしている普通科では、大学での志望理由を見つけ出すのは容易ではありません。

そこで、２０２２年度より、週に１～２時間、「探究」の時間を設け、大学で学びたいことに直結するようなテーマについて課題研究をするようにしています。

「地域の商店街の活性化について調べた↓大学で地域経済について学びたい」「子どもの運動能力について調べた↓活発に運動ができるような先生を目指したい」など、高校での「探究」と、大学で学びたいことを「接続」させるようにすると、志望理由書が書きやすくなることでしょう。

ただ何となく「探究」の授業に参加するのではなく、大学受験を意識して取り組めば、入試を有利に進めることができるのです。

4 高校時代の探究と志望理由を「接続」

志望理由を書くにあたり、高校での活動と大学での学びを連続させる必要があります。

分かりやすい例を挙げます。

たとえば、音楽大学でピアノを学びたい高校生がいたとしましょう。

その高校生は、ピアノを幼少期から習っていて、上手に弾けると思いますよね。

もし、この高校生が、ピアノなんて触ったこともないという初心者だったらどうでしょう。なぜ、進学してピアノを学ぼうと思ったのか、意味不明です。

しかし、こうした事例は、経済学部や法学部などの社会科学系の学部志望の生徒に多く見られます。経済のことなんて全く知識もないのに、唐突に経済学部を志望とか、六法全書を見たこともないのに法学部志望など、これでは、説得力のある志望理由など書けるはずがありません。

そこで、「探究」の授業で、地域の経済や、道路交通法などの身近な法律を調べておくことで、「高校で学んだことを、大学でさらに深く学びたい」という「接続」ができるのではないでしょうか。

志望学部から逆算して「探究」をしておくことが、志望理由を書く際には求められます。

幼少期～高校時代に
ピアノを弾いていた

音楽大学で、さらに
ピアノを学びたい

高校での活動と大学の学びが連続
志望理由書が書ける

高校時代、特に
何も活動せず

大学で国際経済を
学びたい

高校での活動と大学の学びが連続しない
志望理由書が書けない

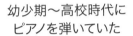

5　小論文の対策にも探究が必要

高校での「探究」ですが、大学入試において志望理由書に活用できるだけではありません。小論文の対策にもなります。

大学入試の小論文の問題ですが、基本的に、受験する学部に関する問題が出題されます。

つまり、経済学部なら経済に関する問題が、理工学部ならば理学・工学に関する問題が出題されるのが一般的です。経済学部を志望するのに、自動車のエンジンの性能に関する問題を出されても、興味関心のない分野ゆえ答えに窮します。したがって、通常、受験する学部に関連する小論文の問題が出題されます。

たとえば、教育学部の小学校教員の養成課程を志望する場合、過去に、ある大学で、次のような小論文の問題が出題されました。

「避難訓練の大切さを、小学生の子どもに説明しなさい」

字数は確か600～800字程度だったと記憶していますが、原稿用紙1枚半から2枚程度で、この問いに、自身の考えを書かねばなりません。

高校時代に避難訓練を体験しているでしょうが、それを小学生に教えることを意識して参加している高校生は、ほぼ皆無ではないでしょうか。

では、このような小論文に対して、高校生活の中で、どのように対策・準備をすればいいでしょうか。

それは、やはり「探究」で意識を作り上げておくしかないと思われます。

先生になりたくて教育学部を志望するならば、高校時代の「探究」で、より良い先生になるための情報収集や研究などをしておくことが求められます。

同様に、経済学部を志望するなら、「探究」で経済について調べておく必要があります。

ある大学では、「キャッシュレス決済について、さらに普及させるにはどうしたらいいか」を問う小論文の問題が出題されました。

経済とは、お金やモノの流れのことです。お金やモノがどのように循環すれば人々は幸せになれるのかを「探究」しておかないと、小論文で自身の意見を述べるのは厳しいことでしょう。

経済ならば、高校の政治経済の授業でやるじゃないか、という反論も聞こえてきそうですが、教科書レベルの知識ならば他の受験生も持っているため、入試の小論文で差をつけるのは難しいと思われます。

より知識を深掘りさせて、自分の意見を述べられるようになるには、「探究」で課題研究をして発表するという経験が活きてくるものだと思われます。

6　中学3年生の偏差値から逆転へ

先のページで、高校での「探究」に取り組み、高校と大学での学びを「接続」させることで、総合型選抜や学校推薦型選抜の志望理由書や小論文の対策になると述べました。

大学入試は、学力ガチンコ勝負の一般選抜以外の、総合型選抜や学校推薦型選抜といった入試方法があるのは述べた通りです。

実際にこうした入試方法を活用して、国公立大学へ進学している受験生も数多く見てきました。たとえば、英語だけが得意で他の科目はさっぱりという生徒が、ある国立大学の、英語と小論文が課される総合型選抜の入試を突破するとか、昆虫が好きな生徒が、ある国立大学の農学部に合格するといったケースは数多くあります。

そして、これらの生徒が、進学校とは呼ばれないような、偏差値40台の高校からも輩出されています。

そもそも高校の偏差値は、中学3年生＝15歳時点での5教科の平均です。理科が超得意でも英語や国語の点数が悪ければ、偏差値は下がります。また、家庭科や音楽、体育が得意であっても、5教科ではないため、偏差値には反映されません。

ただ残念なことに、こうした偏差値が低いとされる高校の生徒に多く見られるのは、「オレはどうせ○○高校だから、△△大学にでも入れたらそれでいい」とか、「◇◇大学の指定校推薦があるから、もうそれでいい」と、安易に進路を決めていることです。

繰り返しますが、偏差値は、15歳時点での5教科の平均点です。高校時代の学んだことと切り離して考えるべきでしょう。なのに、15歳時点での5教科の平均の呪縛から逃れられないのは惜しいです。自分自身の可能性を狭めてしまうような将来を決めてはいけません。

私が講演に行っている高校の中には、今年度、偏差値46の高校から国公立大学に23名、偏差値44の高校からも国公立大学に6名合格しています。いずれも、総合型選抜や学校推薦型選抜での入試を突破して合格を勝ち取っています。これらの国公立大学は、地元の進学校の生徒が受験しても簡単に合格を勝ち取れない大学です。

自分に合った入試方法を探して、かつ、高校時代に「探究」に取り組み、大学との学びを「接続」すれば、15歳時点で決められた偏差値を逆転できることは十分に可能なのです。

7 すでに動き出している入試対策

高校での「探究」を活用して、総合型選抜・学校推薦型選抜を狙う取り組みは、すでに動き出していて積極的に取り組んでいる高校も多く見られます。なかには、総合型・学校推薦型選抜での合格者が１００名近くもいるという驚異的な数字を出している普通科公立高校もあります。

総合型・学校推薦型選抜に本腰を入れて取り組み、受験生を支援している高校が全国各地に存在しているのです。

そうかと思えば、逆に、「推薦入試なんて邪道。一般選抜こそ受験の王道」という高校が存在するのも事実ですが、本書の冒頭でも述べたように、大学側も一般選抜以外の入試にシフトしており、著者自身は、こうした時代の流れに抗うことが得策とは思えません。

もし、本書を読んでいる受験生自身が、大学で学びたいことが明確で譲れないものであるならば、総合型・学校推薦型選抜を受験すべきではないでしょうか。

ただし、総合型・学校推薦型選抜も甘くはありません。

志望理由書や小論文の対策を万全にしておく必要があります。

第３章以降で、その志望理由書や小論文についての対策を述べていきます。

探究と学問を連続させる

—第３章—

志望理由書のキホン

1　志望理由書には何を書くのか

それでは、この章から、志望理由書の書き方について述べていきます。

まず、志望理由書ですが、いったい何を書くのでしょうか？

言わずもがな、大学に進学することを希望する、その理由を書きます。

しかしながら、大学で何を学びたいのか、その根本的なことを考えていない高校生が実に多くいます。

たとえば、「先生になりたい」とか、「英語を学びたい」といった志望理由があったとしても、では、実際に、4年間、どんな授業を受けて、どのような研究をしたいのか、と問われても、答えに窮する高校生が多くいるのではないでしょうか。

まず、大学には、高校のような「普通科」はありません。

大学には、「文学部」「経済学部」「理工学部」「医学部」といったような、専門分野を学ぶための「学部」というものが存在し、それぞれの学部で4年間、学ぶことになります。

高校生の中には、「○○大学なら、どの学部でもかまわない」といった声があるのは承知していますが、志望理由書を書いて大学進学を目指すのであれば、偏差値やブランドではなく、大学4年間で研究したいことを探さなければならないのです。

進学先には、いろんな分野の学部・学科があります。

文学部　法学部　社会学部　医学部

国際学部　経済学部　経営学部　薬学部

心理学部　福祉学部　教育学部　工学部

芸術学部　体育学部　理学部　看護学部

大学には
普通科はありません！

2 志望理由書は、誰が読むのか

志望理由書には、大学4年間で学びたいことを書くのですが、それでは、その受験生が書いた志望理由書は、誰が読むのでしょうか。

これは、みなさんが受験する学部の先生方が読みます。

看護学部を志望する受験生の志望理由書を、経済学部の先生方が読むことは、おそらくありません。当然ながら、看護学部の先生方が、その志望理由書を読みます。

だとすると、当然、その学部で何を学び、どんな資格を得て、どのような人間になろうとしているのか、調べる必要があります。

たとえば、「看護師になりたい」という将来の目標があったとして、「では、そのために本学で4年間、何を学びたいですか?」ということが問われます。

そこで、「立派な看護師になるための勉強を頑張ります」では不十分です。

具体的に、どのような授業を受け、どのような知識を習得したいのか。

こうしたことを、志望理由書に書かなければなりません。

他の受験生に差をつけるためにも、具体的で、熱意あふれる志望理由が書けるように心がけましょう。

志望理由書は、志望する学部の教授が読みます

英語を学びたい

外国語学部の教授が
読みます

看護師になりたい

看護学部の教授が
読みます

3 中学生が、あなたの高校を志望しているとしたら

もし、あなたの自宅の近所に住む中学生が、あなたが通っている高校を志望しているとしましょう。

偶然、その中学生と帰宅途中の道で出会い、「おう、うちの高校を目指しているらしいね。勉強頑張って。でもどうして、うちの高校を目指すの？」と聞いたとしましょう。

あなたは、何と言われたらうれしいですか？

もし、「家から近いから」とか、「偏差値がちょうどいいから」といった返事だったとしたらどうでしょう。とても、いい気分にはなれませんよね。

「部活を頑張りたいから」「文化祭とか楽しそうだから」と言われたらうれしくなりますし、さらに、「オープンスクールで受けた授業が面白かった」「英語の先生が外国人で、英会話の授業が多いから」といった答えが聞けると、よりうれしい気分となるでしょう。

志望理由書を書く時には、あなたが志望理由書を読む側になったら、どのような志望理由だったらうれしいかを意識してみてはいかがでしょうか。

このように、相手の立場になって志望理由を考えることも必要です。

志望理由は･･･
　中学生から、あなたの通う高校に対する
　志望理由を聞いて･･･

なぜ、うちの高校を志望するの？

英語の先生が外国人で、
会話形式の英語の
授業が多いからです

逆の立場になって、
どのように言われたらうれしいか、
考えてみましょう

4　大学の3ポリは必ず読んでおこう

志望理由書を書く前に、まず、大学のパンフレットをよく読むようにしましょう。

具体的なパンフレットの見方は第4章以降で詳しく説明しますが、志望理由を書くにあたって、まず、大学の「3ポリ」は確認しておきましょう。

もし、大学入試で面接がある場合、この「3ポリ」は聞かれる可能性があります。

その「3ポリ」とは、

・ディプロマ・ポリシー（卒業認定・学位授与の方針）
・カリキュラム・ポリシー（教育課程編成・実施の方針）
・アドミッション・ポリシー（入学者受け入れの方針）

これら3つのポリシーのことです。

まずは、目を通すようにしておきましょう。

ところが、この3ポリですが、「幅広い教養と総合的な判断力を養うための……」とか、「知の探究や想像力に富む」「高等学校での教育課程を通じで、基礎的な学力を習得」などといったように、とても抽象的で、高校生にはなじみのない、硬い文章で書かれています。

たとえば、「社会に貢献できる人材の育成」といったことは、教育機関として至極当然の話です。志望理由に結びつきそうな文言が見つかるかというと、抽象的過ぎて、正直、難しいかもしれません。

この3ポリは、大学の各学部でそれぞれ独自に設定している場合もあれば、全学部共通の方針である場合もあります。全学部共通であった場合、たとえば、経済学部でどんな勉強をしたいのかといった場合に、文学部や医学部も含めた全学部共通の3ポリから、その具体的な志望理由を書くのはおそらく困難でしょう。

多くの大学にあるような「幅広い教養」「知の探究」「高等学校での基礎的な学力」といった3ポリの文言は、完全に一致しなくても、受験生自身、少なからず当てはまる項目があることでしょう。つまり、ほぼすべての受験生に当てはまるもので、逆に当てはまらない受験生のほうが少数と思われます。

この3ポリから、具体的な志望理由を探し出すのは困難です。しかし、入試の面接で聞かれる可能性はあるので、たとえ難しい文章であっても、目を通すようにはしておきましょう。

5 志望理由書に書くことは、過去と未来

大学受験の志望理由書ですが、まず、大学側が、受験生がどのような人物なのか、志望理由書を読んで知ろうとしています。

志望理由書には、主に、大学でどんなことを学びたいのかという、受験生のこれからの「未来」について書きます。それと同時に、その「未来」のために、高校生活でどんなことに取り組んだのかという「過去」についても書きます。そして、高校と大学での学びを「接続」させ、大学で学びたいことと高校での取り組みに一貫性を持たせて、説得力のある志望理由書に仕上げていきます。

志望理由書とは別に、自己PRや自己紹介書の提出を求める大学もありますが、いずれにせよ、受験生自身の「過去」と「未来」を書くことで、大学側に、どのような人間なのかを伝えることになります。

過去＝あなたが高校時代に何に取り組んだのか

未来＝あなたが大学で何を学びたいのか

過去と未来が分かると、どのような考えを持った受験生なのか、おおよそ、その人物像が見えてくるのです。

志望理由書に書くこと

これまで、何をしてきたのか
これから、何をしたいのか

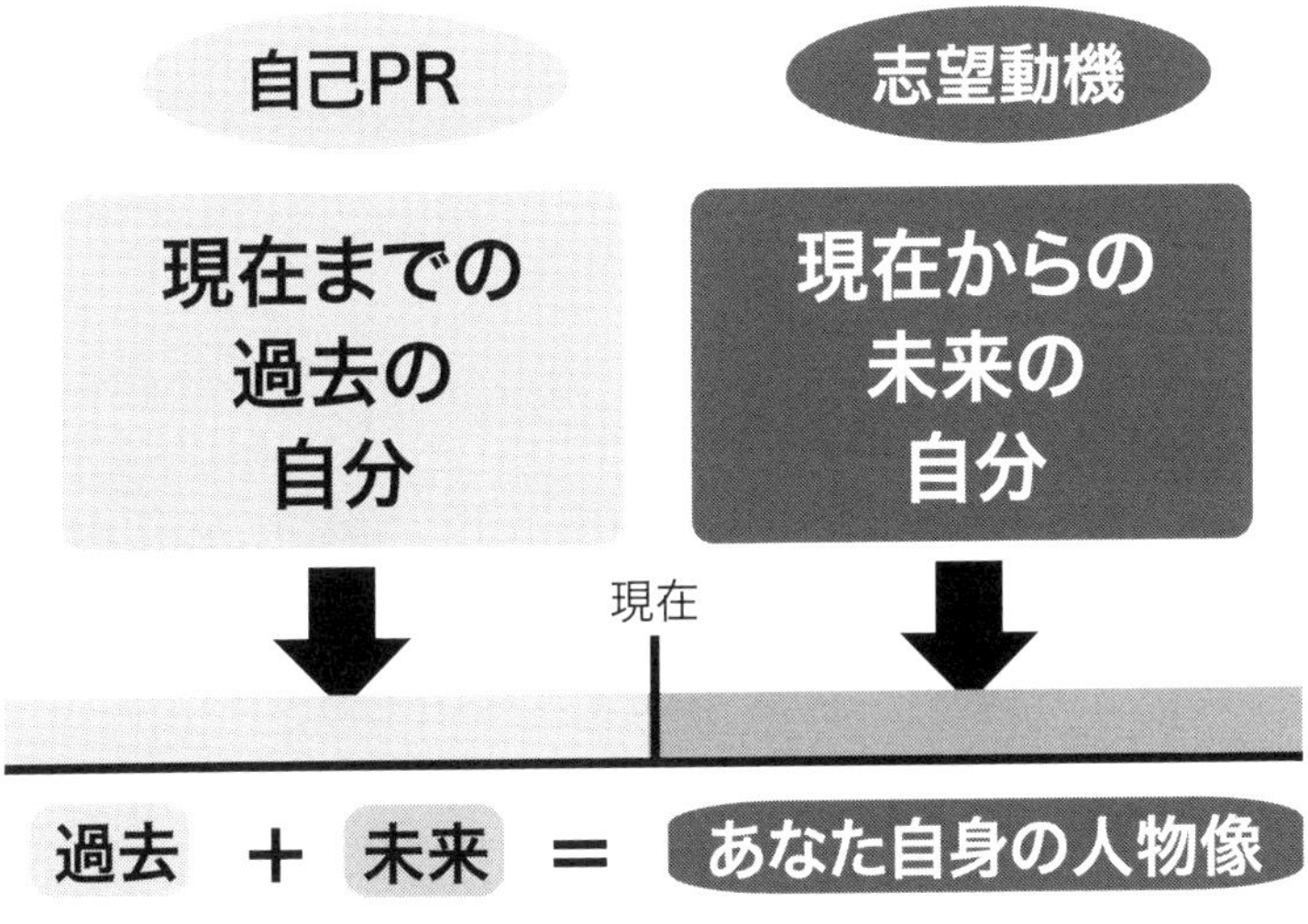

過去と未来が分かると、人物像がつかめます

6 志望理由となるきっかけは思い出してみよう

さて、志望理由書を書き始める前に、まず、その学部学科、もしくは、将来の職業を目指すようになったのか、そのきっかけとなる人物や出来事があれば、思い出すようにしましょう。そのきっかけを志望理由書に書くことで、説得力のある文章となります。

たとえば、

・悪を許さない姿にあこがれた↓警察官になりたい↓法学部を志望
・ケガが多くて部活動も苦しんだ↓理学療法士になってケガの予防に努めたい
・通っていた幼稚園にいた、やさしい先生のようになりたい↓幼児教育学科を志望
・地域の夏祭りが盛り上がって楽しかった↓地域活性化について学びたい

このように、学部学科を志望する、もしくは、将来の職業を目指すきっかけとなる人物や出来事などを思い出してみましょう。

そのきっかけは、幼少期のものでも、高校時代に芽生えたものでもかまいません。

こうしたきっかけを書くことで、大学の学部学科を目指す志望理由に説得力が加わります。小さな出来事であっても、思い出してみましょう。

通っていた幼稚園に
笑顔あふれる
やさしい先生がいた

正義感の強い
警察官の姿に
あこがれた

志望学部を目指すきっかけとなった
エピソードなどを思い出しましょう

—第４章—

志望理由書の書き方「未来」部分のネタ探し

1　ネタさえあれば、志望理由書は書ける

志望理由書とは、その名の通り、進学を志望する、その理由を書くものです。

つまり、高校生のみなさんからすると、「進学してからのこと＝未来」について書くものとなります。

人間は、未来のことは思い出すことができません。

過去のことは思い出せます。昨日食べた晩ごはんは、思い出すことができます。

しかし、明日の晩ごはんは、思い出すことはできません。そう、未来のことは、必死に頭の中で思考を巡らせても、思い出せないのです。

なのに多くの受験生は、志望理由書を書く時には、大学でどんなことを学びたいのか、なぜか、思い出そうとするのです。

これでは、志望理由書は書けず、そして、書けないと投げやりになってしまうのです。

まずは、未来のことは思い出すことができないことを認識する必要があります。

それでは、進学を志望する理由は、どのように書けばいいのでしょうか。

まだ進学していない大学に関する情報を、まずは頭に入れていく必要があります。

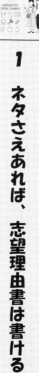

そのためには、大学のパンフレットを見て、どのような勉強ができるのかを探してみるほか、オープンキャンパスにも参加して、実際に、どのような雰囲気で、どのようなことを学んでいるのか、こうした情報をつかむようにしましょう。

大学進学を希望する受験生が志望理由書を書けない理由で多いのは、具体的に大学でどんなことを学べるのか分からないし、そもそも、自分が何を学びたいのか分からないといったものです。繰り返しますが、これを思い出すことはできません。

こうした情報は、パンフレットを見れば、大学でどのような授業をして、どのような研究をして、どのような知識や資格が得られるのか、おおよその情報を得ることができます。

パンフレットを見ても、書いてあることが難しくて理解できないという受験生もいますが、全く焦る必要はありません。

「大学で学ぶこと＝高校生が習っていないこと」が書いてあるパンフレットは、高校生が熟読しても、簡単に理解ができなくて当然なのです。まだ、習っていませんから。

よく理解はできないが、この研究には興味があるといった文言を見つけ出し、志望理由書のネタにするようにしましょう。

志望理由書が書けない最大の理由は、こうした進学を志望する理由となる「ネタ」がないからです。ネタさえあれば、志望理由書は書けるのです。

2 結・起承転結で書いてみよう

志望理由書に決まった書き方やルールがあるわけではありません。

しかし、当然ながら、読みやすい文章を書くことが求められます。

では、どのような流れで書けば、読みやすい文章となるのでしょうか。

4コマ漫画には、起承転結という流れがあります。ストーリーを起＝起こす、承＝承（うけたまわ）る、転＝一転する、結＝結ぶという流れです。1コマ目と2コマ目の起と承は連動しますが、3コマ目で一転する事態が生じるも、4コマ目で、起・承と転の出来事が結び付きます。

これを志望理由書にも転用・応用・活用するのですが、そこで、最初に、自分自身の将来の夢や目標を書いておくと、さらに読みやすい文章となります。

具体的には、左のページのように例を挙げておきますが、このように、最初に、将来の夢や目標を書いておくと、読む側は、「なぜ？」「そのために何を学びたいのか？」と興味を持って読んでくれることでしょう。

志望理由書の書き方に決まったルールはありませんが、読みやすい流れというものをつかんでおくようにしましょう。

志望理由書は、結・起承転結の流れで書いてみよう

結　将来の目標など

起　外から見た印象

↓

承　これから学びたいこと

↓

転　そのために高校時代は…

↓

結　将来の目標など

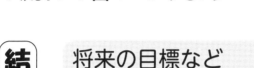

3 将来の夢や目標があれば、書いてみよう

では、「結・起承転結」で志望理由書を書く、その「結」のネタ探しから始めてみましょう。

具体的に、「警察官になりたい」とか、「保育士になりたい」など、職業名がイメージできればいいのですが、そうした高校生は、少数派ではないでしょうか。

職業どころか、大学の学部も未定だという受験生も珍しくありません。

なので、無理に職業を挙げる必要はありません。

「世界中の多くの人の役に立ちたい」

「地域の商店街を活性化させたい」

「子どもたちの笑顔をたくさん作りだしたい」

具体的な職業でなく、このように、抽象的な夢や目標でもかまいません。

それでも、どうしても、夢や目標が浮かばないのであれば、志望する大学のパンフレットを見て、希望の学部の卒業生がどのような仕事についているのか、参考にされてはいかがでしょうか。

抽象的な夢でも大丈夫です。まずは、なんとなくでもイメージしてみましょう。

結　将来の目標など

特定の仕事（警察官、保育士など）でなくても大丈夫です。

世界中の人々と仲良くしたい

日本の農村のために役に立ちたい

具体的な仕事・職種でなく、抽象的な夢や目標でも大丈夫です。

4 大学の「外から見た印象」を書いてみよう その1 パンフレット

次に、「結・起承転結」の「起」のネタを探していきましょう。

大学を志望する理由を「起こす」ためには、まず、なぜ、その大学を志望するのか、考えてみましょう。

とは言うものの、この第4章の冒頭でも述べましたが、「進学してからのこと＝未来」は思い出せません。

そこで、大学のパンフレットを参考にしましょうと述べたはずです。

大学のパンフレットには、「大学での研究テーマやその成果」「立派な図書館や設備」「楽しい学生生活」など、楽しくて華やかなことが満載です。

そう、大学側が、こんなに楽しくて、しかも立派な大学ですよ、ということを、いわば「自慢」してくれているのです。

せっかく自慢しているのですから、その「自慢」を活用しましょうよ、ってことです。

たとえば、「東日本の大学最大級の研究施設」とか、「東京ドーム6個分の敷地」などが書いてあれば、「広くて最先端を走るキャンパスで学んでみたい」と、その大学に進学したくなるようなキーワードを探していきましょう。

ただし、大学のパンフレットを、じっくり読む必要は、もう少し後で大丈夫です。まだ、起承転結の「起」です。じっくり読むのは、「承」のところです。これは、後ほどじっくり説明します。

とにかく、未来に関することを、人間は思い出すことはできません。

大学でどんなことを学びたいのかを問われ、地方公務員になりたいといった具体的な職業があれば、法学部で地方行政について学びたいというストーリーが描けますが、そもそも、将来の夢が抽象的で、かつ、志望学部も定まらないといった受験生において、大学で何を学びたいのかと問われても、答えに窮すること間違いなしです。

しかし、総合型・学校推薦型選抜入試で受験をするとなると、志望理由書は不可欠です。ならば、じっくり大学のパンフレットを眺め、「楽しそうな４年間を過ごせそうだなあ」という妄想やイメージを、まずは膨らませるところから始めましょう。

楽しい気分になってテンションを高め、「サークル活動とか、楽しそうだなあ」「じゃあ、４年間、どの授業を選択すれば、もっと楽しくなるのだろうか」といったように、未来の情報を少しずつ、集めていくようにしましょう。

繰り返しますが、未来に関することを、人間は思い出すことはできません。

大学のパンフレットを見て、どんな４年間を過ごしたいのか、イメージしてみましょう。

5 大学の「外から見た印象」を書いてみよう その2 オープンキャンパス

大学のパンフレットを眺めていると、なんだか、その大学に行ってみたい衝動に駆られないでしょうか。

実際にキャンパスに行って、どんな雰囲気なのか、味わってみたいと思ったのなら行動に移しましょう。

大学は、高校生向けにオープンキャンパスを開催しています。

かつては夏休みだけでしたが、今や、春休みにも開催する大学が増えています。

オープンキャンパスの来場者数は、その年の入試の出願者数と相関関係があると言われていることから、多くの受験生に出願してもらおうと、大学も、電車の広告やインターネットでオープンキャンパスの宣伝に力を入れています。

オープンキャンパスでは、模擬授業、体験授業といったものや、大学の施設の見学ツアー、学生への質問、相談コーナーなど、様々なイベントを開催しています。せっかく、大学を開放しているのですから、こうした機会に大学を訪れてみてはいかがでしょうか。

大学を1回も訪れていないのに、「第一希望です」と言われても説得力を欠いてしまいます。

ぜひとも、一度は大学のキャンパスを訪れてみましょう。

大学のオープンキャンパスに行ったら・・・

模擬授業を受講

研究室を見学

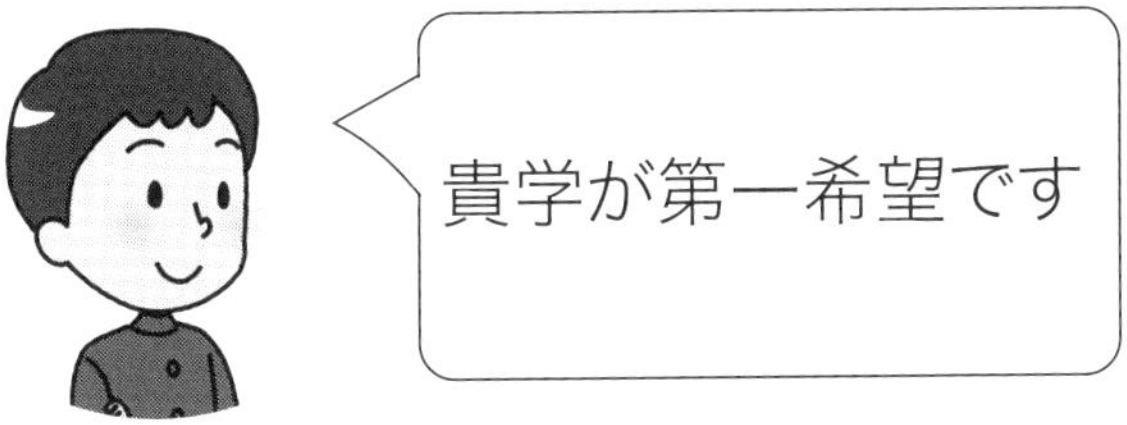

第一希望と言うのであれば、
一度は大学見学に行きましょう

6 大学の「外から見た印象」を書いてみよう その3 先輩の声

志望する大学に通っている先輩や知人がいれば、「大学でどんなことを学んでいるのですか？」と聞いてみてはいかがでしょうか。

何度も何度も繰り返しますが、人は未来のことは思い出せないのです。

だからこそ、大学のパンフレットを読み、オープンキャンパスで雰囲気などを味わってもらいたいのですが、そこで、もし、大学の様子を聞ける相手がいるのであれば、直接、情報を聞き出すのが、最も簡単で、かつ、有益な情報収集の方法ではないでしょうか。

高校の部活動の先輩とか親戚・従兄妹など、気軽に声を掛けられる人がいるならば、聞いてみてはいかがでしょう。

そこで、「大学では、どんな授業をしていますか？」と問うて、「少人数で英語のディスカッションをしているので、英語が苦手でも上達するよ」と聞いたのであれば、「少人数での英語のディスカッションをしたい」と、志望理由のネタとなるのです。

大学へ進学する志望理由は、1つではなく、複数あることが望ましいです。

たとえ3行程度しか書けない志望理由であっても、3つ書けば、10行程度の志望理由になります。先輩や親戚から情報を得るようにしましょう。

大学のオープンキャンパスでは、現役の大学生に質問しましょう

「なぜ、この大学を選んだのですか？」

「おもしろい授業はなんですか？」

「志望理由書はどのように書きましたか？」

学生からの答えは、
志望理由書に使えるネタとなります

7 大学の「外から見た印象」を書いてみよう その4 家族・先生の意見

進学を希望する大学への志望理由書は、ネタさえあれば書けると述べました。

ただし、未来のことゆえ、頭の中に情報がなく、思い出すことができません。

なので、頭に、未来に関する情報を入れる必要があります。

そのためには、大学のパンフレットを読む、オープンキャンパスに参加する、先輩に話を聞いてみるなど、様々な方法で情報を入手することになります。

おおよそ、この3つの方法で情報を集めるのですが、大学を志望する理由として、身近な人から影響を受けたという受験生も数多く存在します。

具体的には、親や兄姉、学校の先生が、希望する大学の卒業生であるとか、尊敬していた先輩が、希望する大学に進学した、などです。

このように、身近な人から影響を受けたことも立派な志望理由です。

さすがに、親が通っていた当時と今とでは、授業や研究テーマは変わっているのでしょうが、それでも、雰囲気や大学独自の精神など、志望理由となるネタは出てきそうです。

家族や先生が薦めるには、何か理由があるはずです。

薦める理由を直接聞いてみて、志望理由のネタとするようにしましょう。

親や先生が大学を薦める理由を聞いてみよう

・有名だから
・偏差値が高い
・就職に強い

↑

このような理由ではない

・研究設備や図書館が立派
・教授と学生の距離が近い
＜具体的な理由を聞き出そう＞

8 大学の「外から見た印象」を他大学と比較してみよう

志望理由書を書く際に、「結・起承転結」で書くと読みやすい文章となります。

「起」の部分は、大学の「外から見た印象」を書くと述べました。

その「外から見た印象」を、他の大学と比較した上で志望校を決めたとなれば、志望理由書は、より説得力が増すことになるでしょう。

たとえば、志望理由書に「御校の図書館にはたくさん本があるので進学後の研究活動に役立つと考えます」と書いたとしましょう。しかし、図書館の書籍の数など、学生数や学部数が同じような規模の他大学と比べないと、多いのか少ないのか、見当もつきません。

また、オープンキャンパスもそうです。お祭りのように賑やかな大学もあれば、落ち着いた雰囲気の大学もあります。どちらが良いとか悪いとかではなく、自分に合った雰囲気なのかを様々な大学を訪れ比較検討をした上で志望校を決めたとなれば、自分自身に対しても納得のいく進路選択となるはずです。

志望理由書に説得力を持たせるためにも他大学と比較検討をするべきですが、それ以前に、まずは自分自身が過ごす4年間であるがゆえ、全国約８００もある大学の中から最適な大学を、じっくりと比較検討した上で選ぶようにしましょう。

大学を選ぶときは、
他の大学と比較検討するように

実験の設備や
環境を比較して

優れている点を
志望理由書に書き
ましょう

留学先がどのくらい
あるのかを比較して

希望の地域があれば
志望理由書に書き
ましょう

○○大学でなければダメだ！
と言えるような志望理由を探しましょう

9 大学で「学びたいこと」は、「外から見た印象」を継承

それでは、「結・起承転結」の「承」の部分について述べていきます。

「起＝外から見た印象」でしたが、「承」では、「外から見た印象」を継承する内容であることが求められます。

そこで、「承」では、「特に学びたいこと」を志望理由書に書くようにしましょう。

たとえば、「英語は少人数でディスカッションの授業」→「特に、世界情勢や経済についての分野のディスカッションをしたい」といったように、具体的に大学でどのようなことを学びたいのかを書くようにします。

もしくは、「最先端の実験設備がある」→「その実験設備を使って、特に、二酸化炭素の排出を抑えるエンジンの開発をしたい」など、より具体的な研究内容が書けるよう意識しましょう。

この「特に……」が、志望理由書では絶対に必要で、この「承」の部分が、志望理由書の「肝」であり「心臓」であり「背骨」でもあります。つまり最も重要なのです。

では、この最も「肝心」な「承」の部分を書くネタはどのように探せばいいのかを述べていくことにします。

承　これから学びたいこと

スポーツトレーナーを
目指してがんばりたい

➡特に…（←ここが重要）

ケガをしないような
体幹トレーニングや
食事の管理もできるような

スポーツトレーナーを
目指してがんばりたい

10 大学で「学びたいこと」を書いてみよう その1 卒業論文

大学で「特に学びたいこと」のネタを探すには、大学のパンフレットは必需品です。

パンフレットの中から、志望理由のネタを探し出すのです。

大学のパンフレットは、一般的に、大学全体の概要↓学部学科の説明↓キャンパスライフ↓施設の紹介↓学費・奨学金、といったページ構成になっています。

この「承」で使うのは、主に学部学科の説明のページです。

大学の学部学科でどのような授業があり、どのような研究をして、どのような資格が取得できるのか、こうしたことが詳細に記載されています。

まず、「卒業論文のテーマ」という記載を探してみてください。

大学生は卒業する前に、卒業論文を書きます。いわゆる「卒論」と呼ばれるもので、４年間かけて研究したテーマについて、原稿用紙にして数百枚分もの論文を書くのです。

そのテーマを見れば、志望する学部学科を卒業した学生たちが、過去に、どのようなテーマについて研究していたのか、具体的にイメージすることができます。

興味深いテーマ、共感するテーマ、自分もこんなことを研究したいといったテーマがあれば、「特に〇〇について研究したい」と、志望理由のネタとなるのです。

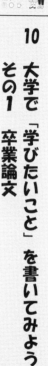

大学のパンフレットから志望理由を探す

●その１　卒業論文のテーマ

○文学・語学系
・漫才のテンポの良さを分析
・イギリス英語とアメリカ英語の違い

○経済・経営系
・インバウンドによる経済効果
・東南アジア経済の進展の歴史

○社会学系
・SNSの発展と監視社会
・女性の政治参加と地位向上

○理学・工学系
・惑星探査機の課題と研究
・将棋に強い人工知能の開発

○看護・医療系
・スマホと睡眠不足について
・速球を投げる際の下半身強化策

大学で学んでみたいことを探してみよう

11 大学で「学びたいこと」を書いてみよう その2 大学教授の声

大学のパンフレットの学部学科を紹介するページには、大学教授の声が記載されていることもあります。

たとえば、農学部の大学教授の研究室だと、「砂地における農作物の栽培について研究をしている」といったことが書いてあったりします。

さらに読み進めると、「夏休みに鳥取砂丘で砂地での実証実験を行った」といった研究の紹介だけでなく、学問の成果や楽しさについて記述されていることもあります。

こうした大学教授の声も、志望理由に使えます。

つまり、「進学後は砂地での実証実験に参加したい」といったように、記載されていることをそのまま引用するほか、「砂地だけでなく、寒冷地で育つ作物についての実験にも興味がある」など、記載内容から応用・発展させてもいいでしょう。

パンフレットには、大学で教鞭をとっている教授がどのような研究をしているのかが書かれていますが理解できなくても大丈夫です。進学してから4年間もかけて学ぶことです。難しいと思うのは当然です。詳しいことは理解できなくても、「ちょっと興味がある」研究テーマを探すようにしましょう。

大学のパンフレットから志望理由を探す
●その２　大学教授の声

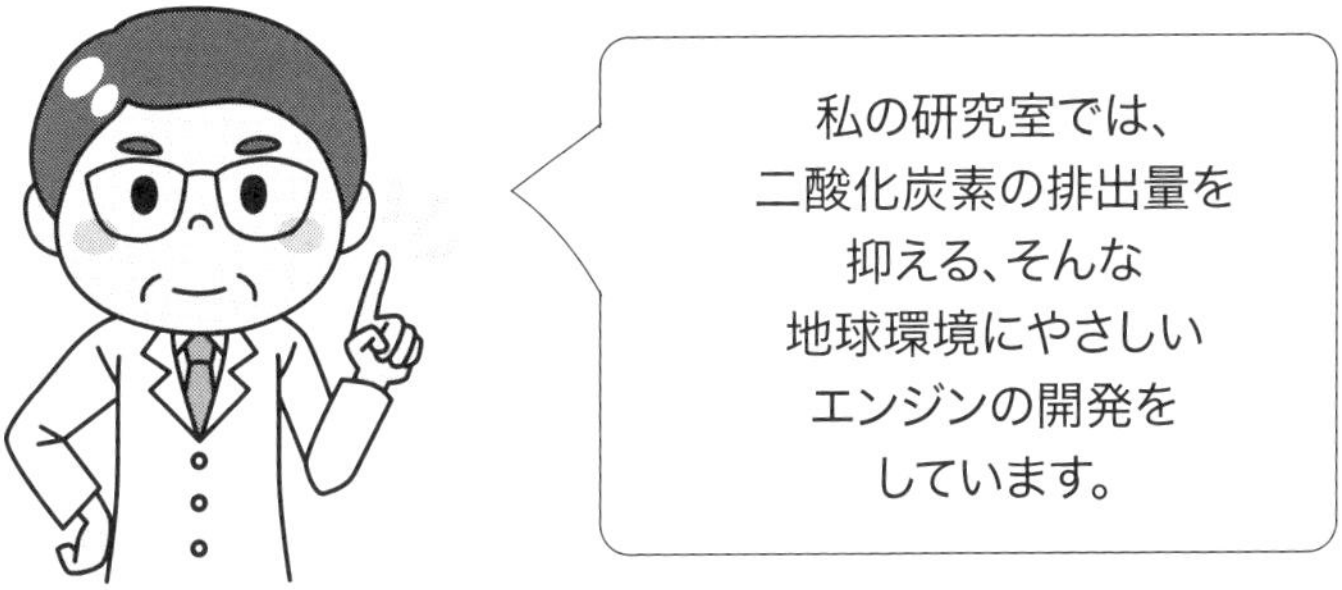
私の研究室では、
二酸化炭素の排出量を
抑える、そんな
地球環境にやさしい
エンジンの開発を
しています。

私のゼミでは、
生活習慣と健康を
テーマとしています。
早寝早起きが健康に
与える影響について
研究しています。

大学で学んでみたいことを探してみよう

12 大学で「学びたいこと」を書いてみよう その3 在学生の声

大学のパンフレットの学部学科を紹介するページには、大学教授の声だけでなく、そこで実際に学んでいる学生の声も記載されています。

具体的にどんな授業を受けて、そして、どのような学生生活を過ごしているのか。おそらく高校生には、大学教授の声よりも在学生の声のほうが、身近に感じることでしょう。

たとえば、福祉系の学部の場合、「介護施設へのボランティア活動を通じて、心理学や理学療法などの様々な知識が必要だと感じた」といったことがパンフレットに書かれていたとします。

そこから、「私は、心理学も学んで、困っている人の声に対し、真摯に耳を傾けられるような介護士になりたい。」といったような志望理由が見つかるのではないでしょうか。

数年前までは、あなたと同じ高校生だった人が、わずか数年で成長している姿を参考に、「私もこの先輩のようになりたい」といった学生を探してみるようにしましょう。

サークル活動や旅行に行ったという楽しいキャンパスライフを夢見るのも結構ですが、重要なのは「学びたいこと」です。身近な存在である在学生の声は、志望理由の参考になることでしょう。

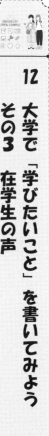

大学のパンフレットから志望理由を探す
●その３　現役の学生の声

僕は今、砂地でも育つ
植物の研究をしています。
地球温暖化が進んでいる
現在では、とても
やりがいのある
研究テーマです。
私は将来、客室乗務員に
なるために、語学と観光に
ついて学んでいます。
それだけでなく、様々な
お客様に対応できるよう
福祉の講義も受けています。

大学で学んでみたいことを探してみよう

13 大学で「学びたいこと」を書いてみよう その4 就職・卒業生の声

大学のパンフレットの学部学科の紹介ページには、その学部学科を卒業したOB・OGの声も掲載されています。

学生だった当時、どのようなことを学び、どのような学生生活を過ごしたのか、そして、卒業した現在、どのような仕事をしているのかを紹介しています。

たとえば経済系の学部だと、「〇〇教授の研究室にいて、地域の商店街の活性化についてのフィールドワークをしました。そうした経験を活かして、今、市役所の地域課の職員として、地域振興策を考えています」など、卒業生が学生時代の取り組みと現況を紹介しています。

そこで、地域活性化に興味のある受験生ならば、「私も、地域の商店街の活性化について学びたい。そして、卒業後は、市役所の職員として地域のために頑張りたい」といった志望理由が書けることでしょう。

このように、卒業生の声は、在学中に学んだことと卒業後の両方のイメージを思い描くことができます。こうした目標となる人物を見つけて、自分もそのあとに続いていきたいという志望理由書を書いてみるのもいいでしょう。

大学のパンフレットから志望理由を探す
●その４　就職・卒業生の声

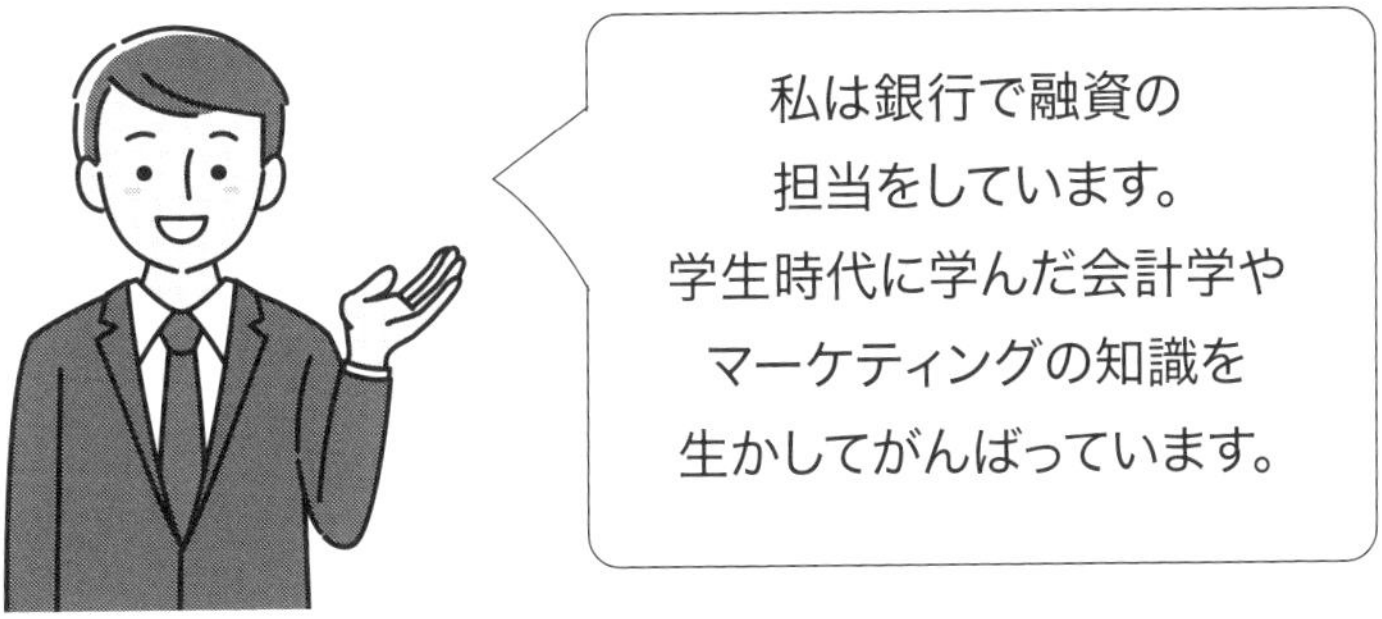
私は銀行で融資の
担当をしています。
学生時代に学んだ会計学や
マーケティングの知識を
生かしてがんばっています。

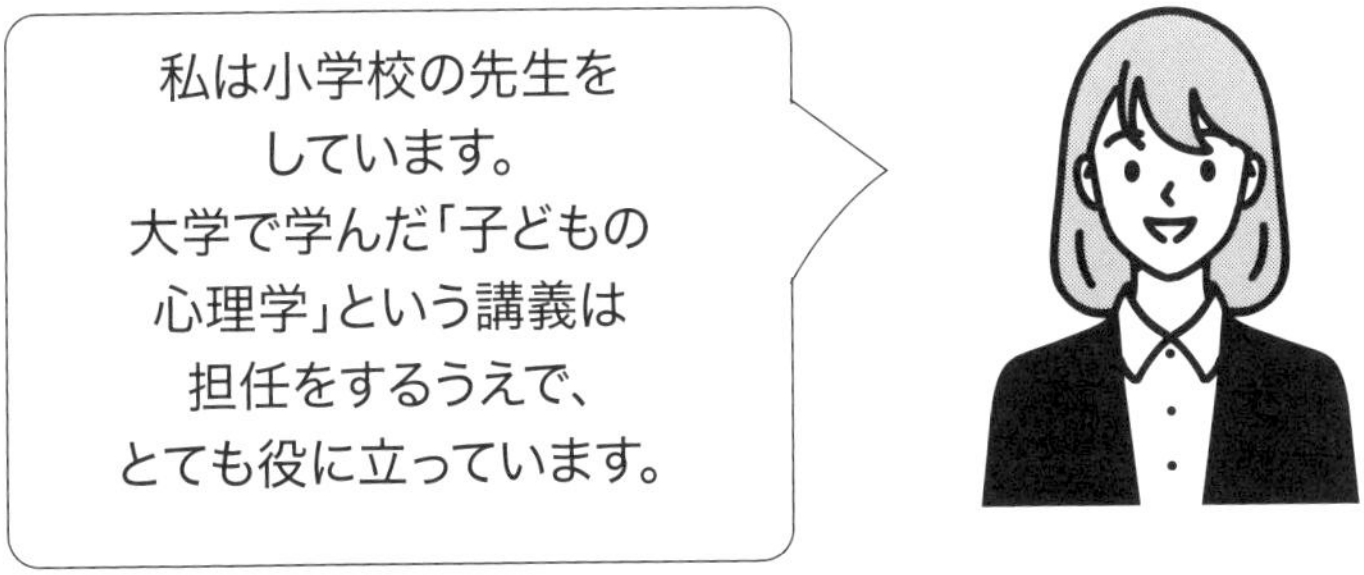
私は小学校の先生を
しています。
大学で学んだ「子どもの
心理学」という講義は
担任をするうえで、
とても役に立っています。

大学で学んでみたいことを探してみよう

14 大学で「学びたいこと」を書いてみよう その5 時間割・カリキュラム

大学のパンフレットには、在学する学生の時間割のモデルが掲載されています。

1週間の時間割を見ると、たとえば、栄養学部ならば調理実習があったり、看護学部の上級学年になると、病院での実習が入っていたりします。

また、時間割の受講科目を見ると、なんとなくですが、どのようなことが学べるのかも想像できます。

たとえば経済学部だと「アジア経済の発展」とか、体育学部だと「ケガの予防・対策」など、時間割の文言から、どんな授業内容なのか、想像できることでしょう。

こうした授業科目から、「マレーシアなど、発展している東南アジア諸国の経済について学びたい」「高校時代の部活動はケガに泣かされてきたので、ケガをしない体づくりを学びたい」など、志望理由に使えそうなネタが見つかりそうなものです。

大学でどのような授業をしているのかは、大学のパンフレットを見ると、難しそうな漢字が並んだ小さな字で、受講できる科目がたくさん書かれています。

そんな難読で小さな字の受講科目を見るよりも、モデルの時間割を見たほうが、具体的な1週間のイメージができると思います。ぜひ、時間割を見るようにしましょう。

大学のパンフレットから志望理由を探す

●その５　時間割・カリキュラム

児童教育学部の時間割

	月	火	水	木	金
1	初等教科教育法（生活）		保育実習指導Ｉ（保育所）	家庭支援論	音楽表現（器楽）Ｉ
2	子どもの食と栄養Ａ	子どもの心理と教育	保育指導法（表現・音楽とリズム）Ａ	キャリア開発	乳児保育
3	初等教科教育法（算数）	保育指導法（言葉）	小児保健Ｂ	保育指導法（表現・身体表現）	
4		基礎演習Ｉ	小学校英語Ａ		保育指導法（表現・造形）Ａ
5		子どもと絵本Ａ		人権・同和教育の研究	

体育学部の時間割

	月	火	水	木	金
1	スポーツ英語		体育学概論	スポーツ体育史	
2		ジェンダー論			情報処理
3		健康教育学	学校と教育の歴史	キャリアデザイン	総合演習
4	剣道		身体科学論	ドイツ語	陸上
5					陸上

大学で学んでみたいことを探してみよう

15 オープンキャンパスで志望理由を見つけよう その1 掲示板

大学のパンフレットだけではなく、より説得力のある志望理由書を書くには、オープンキャンパスに参加したいものです。

よほどの遠距離でない限り、第一希望の大学に一度も訪問していないというのはどうでしょう。一度もお会いしたことのない人と結婚するようなものです。なので、志望校のオープンキャンパスには参加するようにしましょう。

では、オープンキャンパスに行って、何をすればいいのでしょうか。

まずは、大学にはいたるところに掲示板があります。その掲示板を見るようにしましょう。掲示板には、大学生のゼミの研究成果や、体育会系クラブの試合結果、また、留学している学生が現地の様子をレポートしているなど、様々なものが掲示されています。

たとえば、ゼミの研究成果が掲示されているのであれば、「私も、その研究に興味がある」といったように、進学して学びたいテーマが見つかるかもしれません。

また、イギリスへ留学中の学生のレポートを読んで、「私もイギリスに留学して、中世の欧州文化について学びたい」など、志望理由のネタが見つかるかもしれません。

掲示板もスルーするのではなく、志望理由のネタを探してみてはいかがでしょうか。

オープンキャンパスから志望理由を探す
●その１　掲示板

大学の掲示板には･･･
- ･体育会クラブの試合結果
- ･表彰を受けた学生の活動
- ･留学中の学生からのレポート
- ･ゼミの研究発表の様子　など

大学で学んでみたいことを探してみよう

16 オープンキャンパスで志望理由を見つけよう その2 模擬授業

オープンキャンパスに参加すると、大学の教授が模擬授業を行っています。

大学の実際の授業は90分ですが、模擬授業はおおよそ30分程度で、高校生に身近なテーマで、しかも、大学内で学生に人気のある教授が講義をしています。

たとえば、経営学部や社会学部などでは、「ディズニーランドはなぜ、人気が途絶えないのか」といったテーマの模擬授業をしているなど、大学側も、高校生に興味のある講義を用意しています。

工学部ならば「ロケットのエンジン開発」の講義であるほか、文学部であれば「落語について」など、それぞれの学部に関するテーマの講義が聴けるのです。

こうした模擬授業には極力参加して、志望理由のネタを探すようにしましょう。

つまり、「ロケットの打ち上げ技術について講義を受けた。いつかは自分もロケット開発に携わりたい。なので、御校で学びたい」といったように、模擬授業から志望理由が見つかることも十分に考えられます。

時間が許すなら、複数の模擬授業に参加ができる大学もありますので、積極的に参加して、少しでも多くの志望理由のネタとなるものを見つけるようにしましょう。

オープンキャンパスから志望理由を探す
●その２　模擬授業

経済学部ならば･･･

○　観光客はテーマパークでいくら
　　お土産を買うのか？

○　授業を受けるのと、サボるのと、
　　どちらが経済的にお得なのか？

大学で学んでみたいことを探してみよう

17 オープンキャンパスで志望理由を見つけよう その3 学生の活動

オープンキャンパスに参加すると、学生が取り組んでいる活動を紹介しているコーナーがあります。

たとえば、栄養学部の学生が、食品メーカーと共同で郷土の野菜を使った弁当を販売しているとか、国際学部の学生が、海外からの観光客にボランティアで観光案内と通訳をしているといった活動を紹介しています。

工学部では、学生自身が製作したロボットや機械が展示されているほか、理化学系の学部だと、研究室や実験室を開放して、実際に実験や研究をしている様子を見学することもできます。

こうした学生の取り組みは、高校生からすれば、数年後には自身がその立場になることを想像すると、「私もそのような活動がしたい」といった志望理由につながるのではないでしょうか。

オープンキャンパスでは、何にも志望理由がないという学生であっても、大学の学問に興味を持ってもらえるような展示や紹介をしています。そうした情報をスルーしてしまうのはもったいないです。大学側からの情報を数多くキャッチするようにしましょう。

オープンキャンパスから志望理由を探す
●その３　学生の活動

コンビニとタイアップして
健康弁当を販売
（栄養学部）

鳥人間コンテストに出場
（工学部）

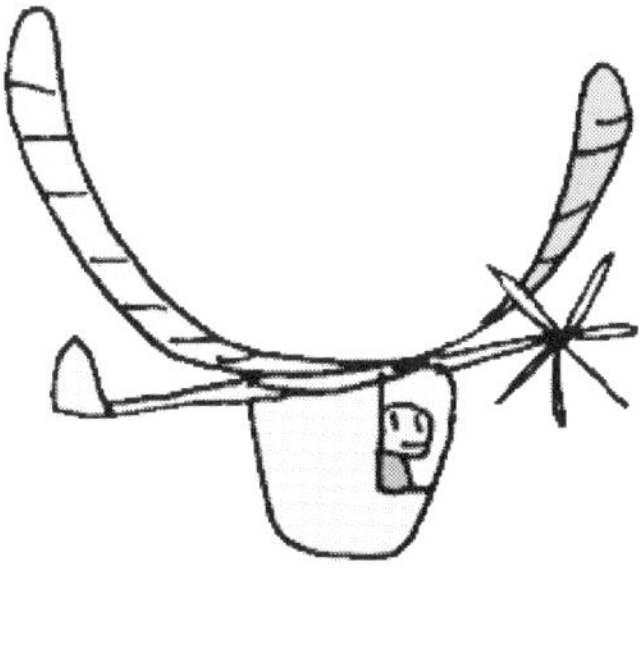

大学で学んでみたいことを探してみよう

18 オープンキャンパスで志望理由を見つけよう その4 学生との交流

高校生のみなさんには、オープンキャンパスに参加したら、必ずやってほしいことがあります。

それは、現役の学生に質問や相談をするのです。

オープンキャンパスでは、高校生を案内するほか、質問や相談に応じるため、現役の学生がスタッフとして参加しています。

こうした学生は、きちんと挨拶ができて、高校生のために役に立とうとしている親切な学生たちです。なので、ビビる必要はありません。どんどん質問しましょう。

具体的には、「なぜ、この大学を選んだのですか？」「志望理由書はどのように書きましたか？」「面白い授業は何ですか？」と聞いてみてはいかがでしょうか。

特に、「面白い授業」を3人くらいの学生に聞いてみてほしいものです。

そうして出てきた答えが、3人それぞれ違ったとしましょう。ラッキーです。

なぜなら、「私は御校に進学したら受講したい授業が3つあります」と、それぞれ、現役の学生から聞き出した内容が、そのまま志望理由のネタとなるからです。

現役の学生の声は、最も説得力のある志望理由となりそうです。オープンキャンパスでは、スタッフとして参加している学生にどんどん質問してみましょう。

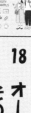

オープンキャンパスから志望理由を探す
●その4　学生との交流

志望理由を探しに来ました。
面白い授業とかあれば、
教えてください。

大学生にどんどん質問をしよう。

大学で学んでみたいことを探してみよう

―第５章―

志望理由書の書き方「過去」部分のネタ探し

1　高校時代に「取り組んだこと」を思い出してみよう

第4章では、進学して何を学びたいのかという、志望理由書における「未来」のことについて述べました。この章では、高校時代に何をしてきたのかという「過去」について述べていきます。

第4章の中でも繰り返し述べましたが、人間は「未来」のことは思い出せません。

たとえば、明日の晩ごはんの献立を予想はできても、思い出すことはできません。

逆に、昨晩の晩ごはんの献立を思い出すことができますよね。そう、人間は「過去」については、思い出すことができるのです。


それでは、あなたは高校時代に、どんなことに取り組んできましたか？


クラブ活動ですか？

クラブ活動以外で、何か、一生懸命取り組んだことは何ですか？

高校時代に一生懸命取り組んだこととして、クラブ活動を挙げる生徒はたくさんいます。

体育会系、文化会系問わず、一生懸命取り組むことは素晴らしいことです。

たとえ、1回戦で敗退しようとも、クラブ活動に一生懸命に取り組んだことは、称賛されることはあっても、否定されることではありません。

ただ、否定されることではないとはいえ、クラブ活動以外に、高校時代に一生懸命取り組んだことが浮かんでこないのは寂しいです。

特に、これから志望理由書を書こうとしている生徒であれば、高校時代のエピソードは必要です。また、入試の面接においても、「高校時代に取り組んだことは？」「クラブ活動以外に何かありますか？」と聞かれる可能性がとても高い質問でもあります。

繰り返しますが、クラブ活動に一生懸命に取り組んだことは、称賛されることはあっても、否定されることではありません。しかし、あえて厳しい言い方をすると、高校生活の大半の時間、つまり、日中の1時間目から6〜7時間目までは、授業を受けている時間でもあります。この時間、何をしていたのか。とても大切です。

こうした授業の時間での「取り組んだこと」は、受験において必要となります。

たとえ、クラブ活動を中心に高校を選んだ生徒であっても、授業時間中は「クラブ活動に備えて寝ていました」では、大学合格は勝ち取れません。

「高校時代に取り組んだこと」は、志望理由書には欠かせないものなのです。

2 高校時代に「取り組んだこと」を書いてみよう その1 探究

2022年4月より、高校で「総合的な探究の時間」が始まっています。

この「探究」ですが、先生が黒板に板書しながら進めていく一般的な授業ではなく、生徒自身が「問い」を立てて、情報を集め、意見を交わしながら、課題解決を探っていくものです。

たとえば、「竹とんぼを遠くへ飛ばすにはどうしたらいいか」とか、「速く走るには、体のどこの筋肉を鍛えればいいか」といった身近なテーマのほか、「世界中の貧困をなくすには」、「地球温暖化」などのSDGｓ（国連が採択した、持続可能な開発のための17の目標）に関するものなど、生徒それぞれが、テーマを決めて、情報を集め、議論し、発表するというものです。

高校時代に「取り組んだこと」で、クラブ活動以外となると、普通科の生徒は、なかなか授業の中から「取り組んだこと」が浮かばないものです。

しかし、今では、「探究」で取り組んだことが志望理由書に書けるネタとなるほか、これをきっかけに、探究で調べた分野の学部に進学する生徒もいます。

「探究」は、志望理由書を書く上で、強力なネタとなるのです。

探 究 学 習

総合的な学習（探究）の時間は、変化の激しい社会に対応して、探究的な見方・考え方を働かせ、横断的・総合的な学習を行うことを通して、よりよく課題を解決し、自己の生き方を考えていくための資質・能力を育成することを目標にしていることから、これからの時代においてますます重要な役割を果たすものである。

（文部科学省ホームページより）

探究学習とは、問題解決的な活動が発展的に繰り返されていく一連の学習活動

①【課題の設定】体験活動などを通して、課題を設定し課題意識をもつ
②【情報の収集】必要な情報を取り出したり収集したりする
③【整理・分析】収集した情報を、整理したり分析したりして思考する
④【まとめ・表現】気付きや発見、自分の考えなどをまとめ、判断し、表現する

3 高校時代に「取り組んだこと」を書いてみよう その2 通常の授業

高校時代に「取り組んだこと」では、本来ならば、1時間目から6～7時間目の授業の中で学んだことを書くのが理想です。

クラブ活動も大切なことですが、きれいごとを言えば、高校は、クラブ活動ではなく、通常の授業を受けて学ぶために進学するところでもあります。

そうであっても、普通科の生徒は、英語や数学の授業の中からは、正直なところ、なかなか思い浮かばないものです。

これが、商業科の生徒なら、簿記・会計の授業やデパートでの販売実習など、普通科の生徒が体験できないことを、普段の授業の中で学んでいます。

同様に、工業科の生徒なら、自動車の整備や溶接加工などの実習、農業科の生徒は、野菜の栽培や食品加工など、こうした実業系高校ならではの「取り組み」をアピールすることができます。

しかし、普通科だから「ない」と言って、あきらめるのは早計です。

たとえば、英語が得意な生徒の場合、英語には、「聞く」「話す」「読む」「書く」の4つの技能があります。英語が得意で、その中で、特に「読む」が得意というのであれば、参考書片手に、単語を1日最低20個覚えたというエピソードの一つくらいはアピールしたいものです。

もしくは、「聞く」が得意というのであれば、家では、YouTubeで英語のニュースを聞いていたといった経験があれば、志望理由書を読む側も、「ほう、なるほど」となることでしょう。

通常の授業での主要5教科のうち、すべて点数が均等という生徒はまれで、得意な科目、不得意な科目というものがあるはずです。

得意な科目をさらに伸ばすための勉強法や、不得意な科目を克服するために頑張ったことなど、他人からみたら小さなことであっても、自分自身、一生懸命努力したことを、まずは思い出してみましょう。

たとえば、教員志望で教育学部を目指す生徒ならば、自身オリジナルの苦手科目の克服法が、自身が先生になったあかつきには、それを、次世代の子どもたちに伝えられる武器ともなります。

高校時代に「取り組んだこと」を思い出す際には、英語や数学といった通常の授業の科目で、テスト前に頑張ったエピソードなどを思い出してみましょう。

そうすることで、志望理由書を書く際に、もしかすると、がれきの中から、ダイヤの原石が見つかるかもしれません。

4　高校時代に「取り組んだこと」を書いてみよう　その3　高大連携授業

昨今、大学が高校に出前授業のようなものを行って、高校生に大学での学問に関心を持ってもらおうという取り組みが広がっています。

これは「高大連携授業」と呼ばれ、その名の通り、高校と大学が連携して授業を行うものです。冒頭にも述べた通り、大学の先生方が高校に出向いて、高校生に授業を行うのですが、その内容は様々で、大学の教授が、経済学や理工学などの大学での授業を高校生に分かりやすく講義をするケースや、そもそも、大学とはどんなところかといった話から入ることもあります。また、大学のゼミの学生と共同で、地域の商店街の活性化について議論し、町おこしの一役を担うといった活動をしている高校もあります。

このように、大学の授業や、その雰囲気を感じられることは、大学・学部選びにもつながる貴重な経験であり、これが、「大学生と共に商店街の活性化を考えた↓さらに深く大学で学びたい」という志望理由書に書けるネタとなります。

こうした高大連携授業を経験した生徒は、その取り組みは、志望理由の一つとして使えます。

高大連携授業とは・・・
「高校と大学が連携して授業をおこなう」

国際学部
外国人教授の
授業

栄養学部
教授の授業

志望理由のネタを見つけるようにしましょう

5 高校時代に「取り組んだこと」を書いてみよう
その4 実業高校

読者の方で、商業高校や工業高校、農業高校といった実業系の高校に通われている生徒のみなさん。みなさんは、高校時代に「取り組んだこと」については、とても有利な武器をたくさんお持ちです。

というのも、全国に普通科の高校が約7割ありますが、普通科高校は、良くも悪くも、「普通」の高校で、普段の授業の中から、特徴的な出来事を探し出すのは、なかなか難しいものです。

ところが、商業高校の場合、簿記会計、マーケティングや情報処理といった授業から、デパートやスーパー等での販売実習といった経験は、今後、経済・経営系の学部に進学する際に、志望理由書に書く有利な「取り組み」がたくさん出てくるはずです。

工業高校の生徒もそうで、ロボット製作の実習や、自動車のエンジン構造などを学ぶことは、将来、工学を志望するきっかけを、高校時代に授業の中で経験できるのです。この一つ一つの経験が、志望理由書に書く強力なネタとなるのです。ただ……、

「実業系の高校は、英語等の授業が少なくて、進学するのは不利」

このような声があるのも事実です。しかし、これは、あくまでも学力勝負の一般選抜で受験する場合の話です。確かに、実習を伴う授業があるため、英語や数学の授業は少なくなってしまいます。結果、５教科勝負の入試では不利になるかもしれません。

しかし、総合型・学校推薦型選抜で受験する場合、普通科の生徒よりも、授業の中で、高校時代のエピソードが数多く挙げられる経験を積んでいるはずです。

実業系の高校の授業は、「普通でない特徴のある授業」なのです。

これを、志望理由書を書く際には思う存分、活用してほしいものです。

筆者自身は、これまで、多くの高校生が書いた志望理由書を読んで添削してきましたが、実業系の高校生の書いた志望理由書のほうが、明らかに「面白い」と感じています。これは、高校の授業、実習で学んだことや取り組みが、実践的で面白く、「高校で学んだこと↓進学して深く学びたい」とストレートにつながっているからです。

仮に直結しないことであっても、たとえば、「商業高校でそろばんを学んだ↓幼稚園の先生になって、算数が得意な子どもを育てたい」と、多少強引であっても、高校時代の「取り組み」を未来につなげることは可能です。

実業系高校の生徒は、授業での「取り組み」を思い出すようにしましょう。

6 高校時代に「取り組んだこと」を書いてみよう
その5 課外活動

課外活動とは、ここでは、授業以外の学校外での活動と定義します。

高校が主導して行う地域清掃活動やボランティア活動など、高校生が参加する課外活動の多くは、高校が関与していると思われます。しかし、中には、自主的に地域のボランティア活動や町おこし活動に参加している生徒もいることでしょう。

高校が関与している、していないを問わず、学校外での活動も、志望理由書を書くネタとして使えます。

多くの高校で実践している課外活動は、清掃活動やボランティア活動だと思われます。年に数回の清掃活動であっても、その中で、気づいたことや地域の人と共同で頑張ったことなどは、小さなネタであっても思い出すようにしましょう。

たとえ、仕方なく参加した清掃活動であっても、「住み続けられるまちづくりを」「つくる責任・つかう責任」「陸の豊かさも守ろう」というSDGsの目標につながります。ゴミをなくすにはどうすればいいか、社会学部を目指す生徒においては、志望理由書に書くネタが見つかるかもしれないのです。

高校生活での、何げない活動の中からも、志望理由は見つかるかもしれません。

地域の清掃活動から
志望理由が見つかることも

SDGs
11 住み続けられるまちづくりを
12 つくる責任 つかう責任
14 海の豊かさを守ろう
15 陸の豊かさも守ろう

志望理由のネタを見つけるようにしましょう

7　高校時代に「取り組んだこと」を書いてみよう
その6　クラブ活動

高校時代に「取り組んだこと」で、真っ先に浮かぶのがクラブ活動だという生徒も多いことでしょう。クラブ活動がしたくて、その強豪校である高校を選んで進学したという生徒もいることだと思います。

クラブ活動のことを志望理由に書くことは問題ありません。一生懸命取り組んだことであれば、志望理由書にそのことをアピールすべきです。

しかし、あえて申し上げると、クラブ活動が、大学で学びたいことと結びつくことが理想です。

たとえば、「野球部で甲子園を目指した↓経済学部を志望」では、なぜ？　となります。

仮に、「野球部でケガに苦しんだ↓理学療法士を目指して、ケガの予防に努めたい」であれば、クラブ活動の経験が志望理由に活用できます。

しかし、大半の生徒は、クラブ活動での経験が、大学での学びになかなか結び付かないものです。

クラブ活動を頑張る高校生の姿は美しく、否定するつもりはありませんが、クラブ活動での経験ばかりを書いた志望理由書では、合格は勝ち取れないかもしれません。

野球部で甲子園を
目指して頑張った

高校時代に部活動を
頑張ることは
すばらしいことです

ただし、大学の志望理由と結び付けるのは
工夫が必要です

○経済学部→野球やスポーツ活動を通じて
　　　　　地域が活性化する策を考えたい
○教育学部→子どもたちがスポーツを楽しみ
　　　　　元気になるようにしたい
○理工学部→多様な変化球が投げられる
　　　　　ピッチングマシンを考案したい
○農学部　→水はけのいい砂を研究して
　　　　　グラウンド整備に役立てたい

志望理由を工夫して作り出すようにしましょう

8　高校時代に「取り組んだこと」を書いてみよう　その7　委員会活動

高校時代に、学級委員や生徒会活動等の委員会活動に従事したという生徒もいることでしょう。

高校によって、もしくは、各委員会によって温度差があるでしょうが、部活動並みに熱心に活動している委員会もあれば、月に1回程度集まって話し合いをするといった委員会もあると思われます。

いずれにせよ、委員会活動は、高校時代の活動として、調査書や履歴書などに書けるネタであることには変わりありません。

しかも、部活動のように、3年間、同じクラブというわけではなく、1年、もしくは半年ごとに委員会が変わることも珍しくないでしょう。

それぞれ、大なり小なり活動をしていたのですから、その中で、何か面白い活動やエピソードなどを思い出したいものです。

過去には、学級委員として、海外での修学旅行先の高校生と、文化交流をするためのレクリエーションを考えたといった生徒もいました。もし、生徒会活動なら、志望理由書のネタとしては強力となります。まずは小さなことでも思い出してみましょう。

高校では、生徒会の
活動を頑張った

高校時代に生徒会活動を
頑張ることは
すばらしいことです

ただし、大学の志望理由と結び付けるのは
工夫が必要です

○文学部　→話し方や言葉の選び方、表現の
方法などを学びたい
○法学部　→学校内の様々なルールをはじめ
世の中の法律を学びたい
○看護学部→心の病を抱えている生徒が
多く、そうした生徒を助けたい
○芸術学部→文化祭や体育祭のポスター制作の際に
表現方法を深く学びたいと思った

志望理由を工夫して作り出すようにしましょう

9 高校時代に「取り組んだこと」を書いてみよう その8 文化祭・体育祭など

高校時代のイベントとして、修学旅行や文化祭、体育祭は、楽しい思い出だったことでしょう。修学旅行で広島や沖縄に行く場合、事前に平和学習をする高校も多く、そうした経験は、社会学部などに進学する場合は、志望理由書を書くネタとなることでしょう。

文化祭や体育祭は、当日だけでなく、事前に様々な準備が必要です。高校によっては、1カ月以上、その準備に費やすことも珍しくありません。しかも、文化祭や体育祭は3年間、3回経験できます。それぞれの学年での経験がたくさんあることでしょう。

文化祭でダンスを披露するために練習したこと、体育祭で応援合戦をするために演舞の練習をしたことなど、一から作り上げていく苦労は、立派で貴重な青春の経験です。

こうした、高校生らしい青春のエピソードは、イキイキとした、楽しい高校生活をイメージさせるものです。アピールすることに臆することはありません。

ただ、欲を言えば、それが、大学での学び、もしくは、将来の目標につながることであれば、なお良しです。特に、教員志望であれば、学校生活を楽しく送れる環境づくりというのは、志望理由書に書くネタとなります。小さな出来事でも思い出すようにしましょう。

修学旅行や文化祭・体育祭からも志望理由のネタを見つけ出しましょう

修学旅行の事前学習で
平和について学んだ

↓

世界平和のために
何ができるのかを
考えていきたい

文化祭で、みんなで
一致団結、頑張った

↓

みんなで協力して
頑張る大切さを
先生になって
伝えたい

志望理由のネタを見つけ出しましょう

10　将来の目標、高校時代の取り組み、大学で学びたいことを結び付けよう

高校時代の探究で取り組んだことや、クラブ活動等、その「取り組んだこと」は、できれば、大学での学びにつながることが理想です。

高校時代に吹奏楽部で頑張った↓大学で音楽を学びたい、といった分かりやすい流れであるのが理想ですが、実際のところ、そう簡単にいかない生徒が多いことは重々承知しています。

特に、普通科の生徒は、通常の授業の中から、大学で学びたいことが見つけ出しにくいことも述べました。であるからこそ、２０２２年からは、総合的な探究の授業が始まっているので、大学での学問を意識してつながるような探究に取り組んでほしいものです。

ただ、一見、つながりそうでないことでも、つながることがあります。

過去に、高校時代に書道部で活動していた生徒が、大学では、英語を学びたいと言って、志望理由をどのように書けばいいか相談がありました。

この場合、「日本の伝統文化、書道を、私は外国人にも伝えていきたい」といった志望理由を書くことができます。細い糸で、多少強引であっても、高校時代の経験と大学での学問、そして将来の目標につなげていくようにしましょう。

高校時代に、何かに一生懸命取り組んでいれば、志望理由につなげられます！

高校時代は書道部

大学では
英語を学びたい

外国人に日本の伝統文化を伝えたい

高校時代に頑張ったことと
大学で学びたいことを
結び付けましょう

11 改めて、将来の夢や目標を書いておこう

志望理由書を書く際には、結→起→承→転→結の流れで書くと、読み手に伝わりやすい文章となります。最初に、「結」＝将来の目標を書き、「起」＝外からみた印象、「承」＝大学で学びたいこと、「転」＝高校時代に頑張ったことを書き、最後にもう一度、「結」＝将来の目標を書き、将来の夢や目標がゆるぎないものだと念を押しておきます。

将来の夢や目標は定まっていない高校生が多いことだと思いますが、警察官や保育士といった具体的な職業でなくても大丈夫です。「多くの人を笑顔にしたい」「地域社会に貢献したい」「困っている人たちを助けたい」など、抽象的なものでもかまいませんので、志望理由書には、こうした目標を書くようにしましょう。

夢や目標がどうしても見つからない、進学したい学部も特にないという人は、総合型・学校推薦型選抜を無理に受験する必要はありません。一般選抜という学力勝負の入試がありますので、そちらを受験することをおすすめします。

総合型・学校推薦型選抜試験の多くは、志望理由書を必要としますので、今すぐ見つからなくても、日々、意識して、志望理由を考えるようにしましょう。

結　将来の目標など

私は将来、幼稚園の先生になりたい。

起　外から見た印象

インターンシップに積極的で、また
就職率もよく、幼稚園からの評判もいい。

↓

承　これから学びたいこと

特に、子どものリズム感を発達させる音楽の
授業のほか、子どもの心理学にも興味がある。

↓

転　そのために高校時代は…

音楽の授業でピアノを演奏したり、
文化祭で、演劇をしたりした。

↓

結　将来の目標など

歌って踊れる、そんな楽しい、多くの子どもに
喜んでもらえる先生になりたい。

—第６章—

正解のない小論文入試の攻略法

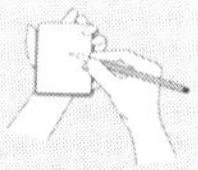

1 小論文入試の対策方法

総合型選抜や学校推薦型選抜のみならず、国公立大学の2次試験においても、小論文を課す大学が多くあります。

小論文は、英語や数学と違って、決まった「正解」と呼べるものがない試験であり、その対策が難しいと言われています。

ましてや、問題集に書いてあるような模範解答は、あくまでも模範的な解答であって、もしかすると、その模範解答では、合格できない可能性すらあるのです。

国公立大学の総合型選抜などの入試では、競争率が3~5倍となることも珍しくありません。つまり、受験生3~5人のうち、たった1人しか合格できないとなると、特に目立つ意見ではない模範的な解答だと勝ち残れない可能性もあるのです。

小論文は、競争率が3~5倍となると、普通の小論文では不合格となります。仮に競争率が5倍であれば、5人中、真ん中の3番目の受験生が不合格なだけでなく、上から2番目でも不合格となります。考えや意見が突出していないと、合格を勝ち取れないのです。

このように、対策が難しい小論文ですが、当然ながら、何も対策せずに挑んで合格を勝ち取れる、そんな甘いものでもありません。

では、どのような対策をすればいいのでしょうか。

小論文では、新聞記事などを読んで受験生自身の考えを述べさせる、そうした出題形式が多くあります。

そのため、受験生としては、「どのように書けば合格できるか」と、英語や数学のような解答を、頭の中で逡巡し、探してしまいます。

そこで、他の受験生も思いつくような模範的な内容だと、先述した通り、合格は勝ち取れません。

だったら、もう、自分の意見を押し通すしかない。

じゃあ、何でもかんでも、好き放題、書いていいのか。いや、そうはいきません。

そもそも、受験生が書いた小論文は誰が読むのでしょうか。

受験する学部の教授などが読みますよね。

ならば、受験する学部の教授の先生方が、どのような研究をして、どのような考えを持っているのか、オープンキャンパスに参加して、もしくは、パンフレットを読んで、事前に把握することはできるのではないでしょうか。

受験生個人でそれが難しいのなら、高校の先生方や保護者に協力を求めましょう。

相手の出方を理解すれば、こちらも対策を練ることはできるのです。

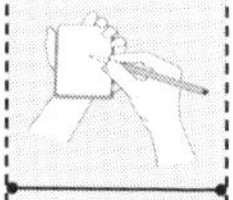

2　小論文を効果的にするには

小論文では、たとえば「貧困をなくすために、あなたにできることは？」とか、「小学生のスマホ依存をなくすには？」といったような、これといった正解がないような出題が多く見られます。

それに対して、「貧困をなくすために私ができることがあれば協力したい」とか、「夜10時以降はスマホを取り上げる」など、誰でも思いつきそうな小論文では、当然、合格は勝ち取れないでしょう。

ゆえに、自分の考えや意見を主張するしかありません。

ただ、先のページでも述べたように、相手の考え方も知っておくようにしましょう。

たとえば、大学教授の中で、子どもの貧困問題に取り組んでおられ、こども食堂の活動にも参加しているという教授がいれば、「貧困の中でも、特に、子どもの食事や成長を支援していけるような活動をしたい」と書けば、合格に近づきそうです。

大学教授にこびへつらうような小論文を推奨するわけではありませんが、進学しようとしている大学・学部の先生方が、どのような研究をしているのかを知っておくことで、他の受験生に差をつけることができるのです。

志望する大学・学部の先生方がどんな研究をしているのか

受験生の書いた小論文は
誰が読むのか？

↓

志望する学部の先生方が
読みます

オープンキャンパスなどで
どのような研究をしているのか
リサーチしておきましょう

3 小論文は、序論・本論・結論の順で書く

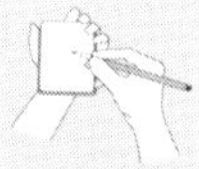

受験生自身の考えや意見を小論文に書いていくのですが、そこで、まず、基本的な書き方の流れを確認しておきましょう。

小論文は、序論・本論・結論の順番で書いていきます。

序論で、最初に自分の考えを述べて、本論でその理由を述べます。そして、最後に、もう一度、自分の考えを述べます。

小論文では、最初に自分の考え、つまり、結論を、先に述べてしまうのです。

たとえば、子どものスマホ依存をどうするのかについて、「夜10時以降は取り上げる」と、序論で、自分の意見＝結論を述べてしまうのです。

そうすると、読み手は、「なぜ？」と思って、読み進めることになります。

自分の意見を先に述べて、その理由を書いていくという流れのほうが、ダラダラと意見を述べたあとに結論を持ってくる文章よりも、簡潔で読みやすいものとなります。

左記の下段にあるように、推理小説などで、終盤に犯人が誰なのかを当てる場面と同じように、先に考えや意見を述べてもらうほうが、頭に入ってきやすい文章となるのです。

小論文の書き方の流れ

序論　最初に、**考え・意見**を書く

↓

本論　その**理由**を書く

↓

結論　最後にもういちど、**考え・意見**を書く

たとえば、推理小説の終盤、犯人は誰だ？

序論　犯人はおまえだ！

↓

本論　あの犯行時刻に現場にいることができたのは、１人しかいない

↓

結論　だから、犯人はおまえだ！

序論→本論→結論の流れで書くと、頭に入ってきやすい文章に

4　小論文の考え方　その1

では、ここで、小論文を書くにあたって、どのように考えをまとめていくのか、例をもとに考えていきます。

ここでは、2020年度から始まった、小学校で必修化された英語教育について考えます。小学3〜4年生から外国語活動、5〜6年では教科として英語を学ぶことになります。

小論文の問題で、「小学校での英語教育について、あなたはどのように考えますか?」という問いが出題されたとしましょう。

さて、あなたは何と書いていくのでしょうか。

まず、小論文では、志望する学部に関する問題が出題されます。したがって、英語教育の問題は、教育学部や外国語学部といった学部の入試では出題されても、理工学部や看護学部といった学部では、おそらく出題されないでしょう。

ただ、高校生の全員が学んでいる英語なので、友人同士の会話だと思って、みなさん、ちょっと考えていただきたいと思います。

たとえば左のページのように、肯定的な意見を述べる生徒もいることでしょう。

小学生の英語教育について、その１

小学３年生から
英語って必要かな？
きみは、どう思う？

めっちゃ良いことだよ。
国際化が進んでいるので、
英語は話せると有利だろ。
もっと低学年から
習ってもいいと思う。

5　小論文の考え方　その2

次に、小学生の英語教育について、基本的には賛成だが、全面的に賛成するわけではないという意見の場合はどうでしょう。

つまり、英語教育をどんどん進めるべきだというわけでない。でも、反対でもない。慎重に進めるべきだという場合は、左のページのような意見が出てきます。

現状、英語を教えるのは、現在、勤務している小学校の先生です。算数や国語を教えて、さらに、英語も教えることになります。教科を教える負担が増えるほか、そもそも、すべての小学校の先生が英語を話せるのかといった問題も生じることでしょう。

地域によっては、中学校から英語の先生を派遣してもらっているところや、それこそ、外国人の非常勤講師が教えている、そんな小学校もあるそうです。

小学校ではありませんが、私立の幼稚園のなかには、ネイティブの発音をきちんと教えて、きれいな発音の英語を学ばせるところもあるそうです。

小論文においては、賛成か反対かといった二者択一的な意見ではなく、賛否以外の意見がないのかといった視点を持つことも必要となります。

小学生の英語教育について、その2

小学3年生から
英語って必要かな？
きみは、どう思う？

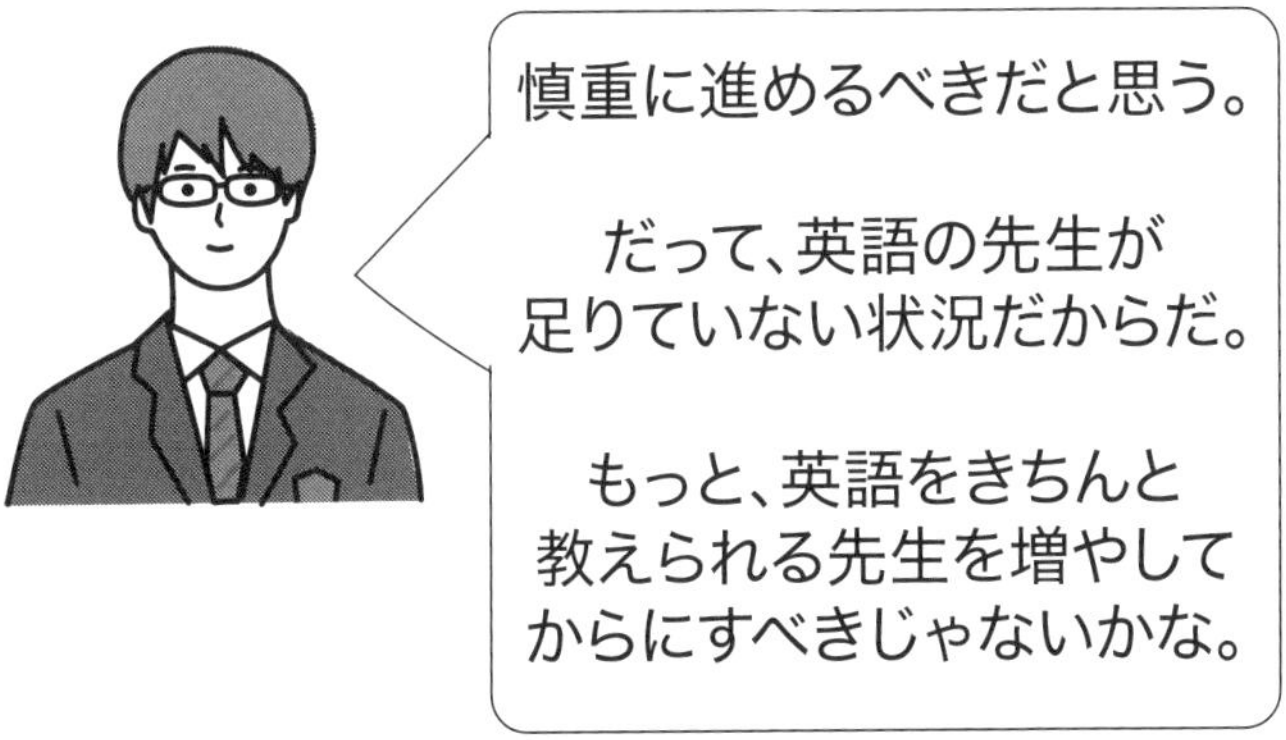
慎重に進めるべきだと思う。
だって、英語の先生が
足りていない状況だからだ。
もっと、英語をきちんと
教えられる先生を増やして
からにすべきじゃないかな。

6　小論文の考え方　その3

では、小学校の英語教育について、反対だという意見はどうでしょう。

国際化が進んでいるとはいえ、当然ながら、世間にはいろんな意見があるもので、英語など必要ないという意見があるかもしれません。

ただ、反対の理由も、全面的に反対ではなく、小学校では反対で中学校からにすべきなど、様々な意見があるものです。

そこで、ただやみくもに反対するのではなく、なぜ反対なのか、小論文では、その理由を書く必要があります。

そうすると、反対意見を述べようにも、なぜ反対するのか、その反論するための具体的な理由を述べるための知識も必要になります。

つまり、英語教育に反論するには、英語や教育に対する知識が必要になるのです。

反対意見のみならず、小論文では、志望する学部に関する知識が必要となります。

高校で取り組んでいる「探究」で得た知識は、小論文でも活きてきます。

高校での探究が、大学での学問に結びつくのは、志望理由書だけでなく、小論文でも活きてくるのです。

小学生の英語教育について、その3

小学３年生から
英語って必要かな？
きみは、どう思う？

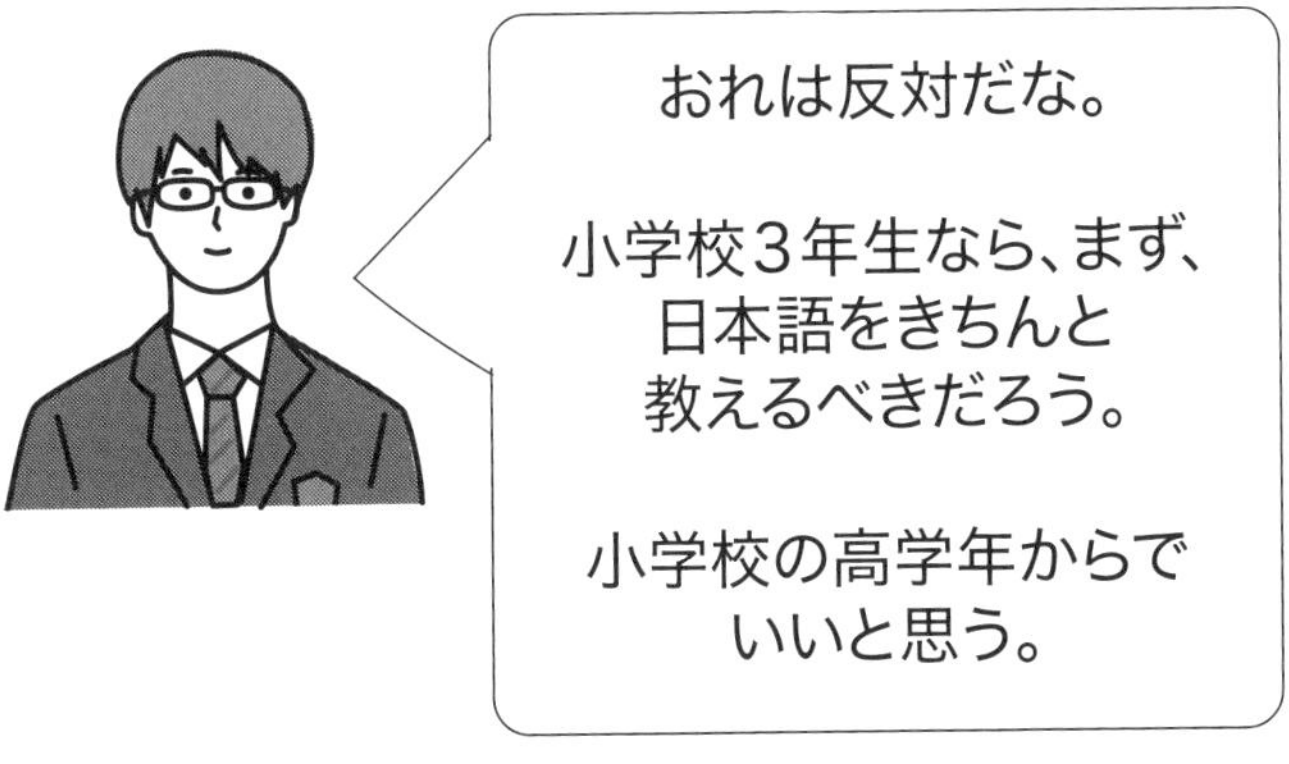
おれは反対だな。
小学校３年生なら、まず、
日本語をきちんと
教えるべきだろう。
小学校の高学年からで
いいと思う。

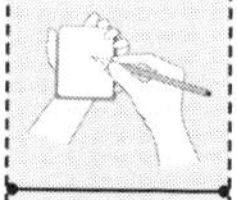

7 小論文と作文の違い

小論文と作文は、何が違うのでしょうか。

まず、作文ですが、文字通り、文章を作ったものが作文です。

書き方に、特に決まりやルールなどはなく、文章を自由に書いてもらってかまいません。

小論文も、広義では、文章を作る「作文」に違いはないのですが、ただ、作文の中でも、論理的に書くことが求められるのです。

小論文は、小さな論文です。

論文とは、大学教授や研究者などが、その研究成果などを論理的に説明したもので、中には、分厚い本が数冊分に及ぶ、そんな長文となるものもあります。

小論文は、そのミニチュア版で、論文よりも小さな分量で、考えや意見をまとめたものとなります。受験においての分量は、６００~１０００字程度といったものが多く、原稿用紙で2枚分程度の書く力を求められます。

つまり小論文は、「ただ、なんとなくそう思いました」とか「占いでそう言っていました」といった根拠のないものではなく、具体的に説明ができる根拠を挙げて論じていくというものになります。

小論文と作文の違い

作文・・・文章を作ること
構成等に決まりはない

小論文・・・文章を作ること→作文と同じ

構成は、序論・本論・結論で

本論を、論理的に書く

↓

きちんと筋道をたてて考える様子

その考えに至った
・具体的な理由
・根拠
・出来事など

➡ 必要

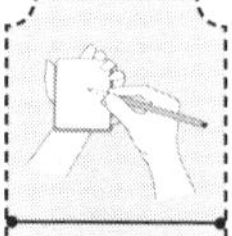

8 小論文は日常会話の延長

「小論文」という言葉の響きを聞いただけで、反射的に「難しい」「苦手」と思ってしまう高校生もいるのではないでしょうか。

英語や数学のように、はっきりとした正解があるわけではなく、「あなたの意見を聞かせてほしい」という問いに対して、どう答えていいか分からないという高校生が実に多くいる印象です。

ただ、「小論文」は、実は、日常会話の延長です。「この問題について、あなた、どう思いますか？」ということを聞いてきているのです。それについても、実は、知らず知らずのうちに、序論・本論・結論の順で答えているものなのです。

先に示した小学校での英語教育についての会話もそうです。

友人同士の会話であっても、無意識で、序論・本論・結論で話しているのです。

序論・本論・結論の流れが伝わりやすいことが、高校生にとって、たとえ十数年の人生であっても、すでに頭の中に染み込んでいるのです。

小論文は、友人との何げない日常会話の延長だと考えると、少しは、気が楽になって、試験に挑めるのではないでしょうか。

小論文は日常会話の延長

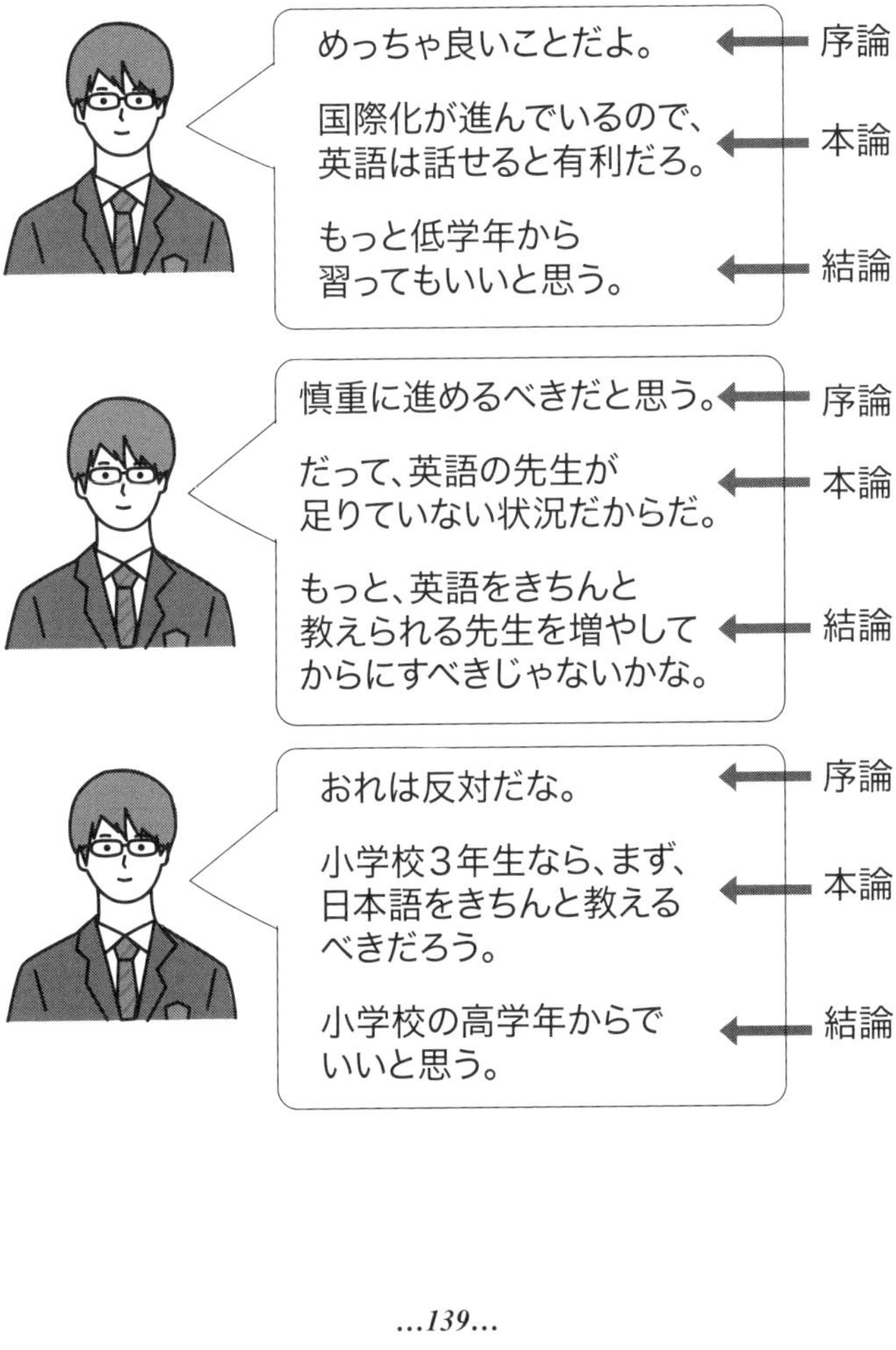
めっちゃ良いことだよ。
序論
国際化が進んでいるので、
英語は話せると有利だろ。
本論
もっと低学年から
習ってもいいと思う。
結論
慎重に進めるべきだと思う。
序論
だって、英語の先生が
足りていない状況だからだ。
本論
もっと、英語をきちんと
教えられる先生を増やして
からにすべきじゃないかな。
結論
おれは反対だな。
序論
小学校３年生なら、まず、
日本語をきちんと教える
べきだろう。
本論
小学校の高学年からで
いいと思う。
結論

9 小論文は、考えをまとめてから、文章を広げる

小論文は、問題文を読んで、いきなり書き始めるのではなく、まずは、5～10分使ってでも、問題文の意図や人文の考えを、じっくりまとめましょう。

たとえば、小学校の英語教育について、小学3年生から始めることに賛成だったとして、余白にメモを取りながら、左のページの上段のように、自分の意見をまとめたとします。

こうして、まとまった考えを字数に合わせて広げていくのです。

左のページでは、問題文を読んでまとめた考え（73字）を、200字に広げています。

小論文では、いきなり文章を書き始めるのではなく、じっくり考えてまとめた意見を、字数に合わせて広げていくという作業を行ったほうが、読みやすい文章にまとめることができます。

ただ、文章を広げていく過程で、その周辺の知識が問われます。

志望する学部に関する知識や、時事ニュースなどは、日ごろから敏感にキャッチするようにしておきたいものです。

小論文は、考えや意見をまとめてから、字数を広げていく

私は３年生からでいいと思う。（１４字）

なぜなら、小学生の低学年ではきちんと
日本語を学ぶべきだからだ。（３１字）

少しでも早くから学ぶ時期として
小学３年生が適切だと思う。（２８字）

全部で
73字

200字に文章を広げる

序論

英語を学ぶにあたって、**私は**小学校で
中間あたりの**小学３年生から**学ぶのが、
いいと思うのだ。（43字）

本論

なぜなら、小学校低学年の日本語を
きちんと学べていない段階で英語を教えても、
日本語に訳した際に、その日本語の
意味がわからないこともあるからだ。
英語を理解するためにも、先に**きちんと
日本語を学んでおくべきだ**と考える。（105字）

結論

国際化の時代に対応するためにも、
**少しでも早くから学ぶ時期として、
小学３年生が適切だと思う。**（45字）

合計193字

10 小論文を鍛える方法

小論文で大切なことは、読み手に、自分の意見を、論理的に、分かりやすく伝えることです。

まずは、自分が、問題文に対して、どのような考えを持っているのか、明確に伝え、なぜ、そのような考えに至ったのか、その理由を、具体的な根拠を示しながら論理的に述べなければなりません。

とは言え、この作業は決して簡単なものではありません。

しかし、時間をかけてでも、鍛えていく必要があります。

では、どのように鍛えればいいのでしょうか。

これは、新聞やテレビのニュース、もちろん、インターネットのニュースでもかまいません。

それらのニュースを見て、序論・本論・結論で考える習慣を身につけることです。

スポーツが好きな高校生なら、「プロ野球はどこが優勝するのか」といったことでもかまいません。「○○が優勝↓なぜなら、打者がたくさんホームランを打つ↓だから○○が優勝で間違いない」といったように、日々、考える習慣を身につけましょう。

最初は下手でも大丈夫。習慣化して、脳を小論文仕様となるよう鍛えていきましょう。

小論文脳にしよう！

序論　私は○○○だと思う

本論　なぜなら、○○○だからだ

結論　だから、私は
○○だと考える

日ごろから、新聞を見て、ニュースを見て、
このような流れで意見を言えるよう、脳を鍛えておきましょう

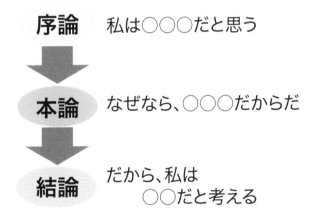

—第７章—

合格を勝ち取る小論文の書き方

1 小論文では過去を織り交ぜる

大学入試の総合型・学校推薦型選抜では、小論文を課す大学が多くあります。

しかも、その入試では、競争率が3～5倍、いや、それ以上となることも珍しくありません。

競争率が3～5倍となるのに、他の受験生と似たような小論文を書いていても、合格が勝ち取れないことは、第6章で述べました。

では、他の受験生と差をつける小論文にするには、どうしたらいいでしょうか。

まず、大前提として、小論文では、「あなたの意見をぶつける」ということになります。

誰もが書けるような模範解答のような小論文では、競争率3～5倍は勝ち残れないかもしれません。だったら、個性あふれる小論文を書こうじゃないですか。

そのためには、あなたの過去や生い立ちを織り交ぜましょう。

たとえば、貧困対策についても、北海道と沖縄で育った人では、寒さや暑さの対策で、異なった考え方となるはずです。また、農家と非農家では、食に対する考え方も違ったものとなるでしょう。

このように、小論文では、「あなた」の考えが問われているのですから、「あなた」にしか出せない答えを書くように意識しましょう。

小論文では、あなたの「過去」を織り交ぜる

たとえば、地域振興策について問われた時に…

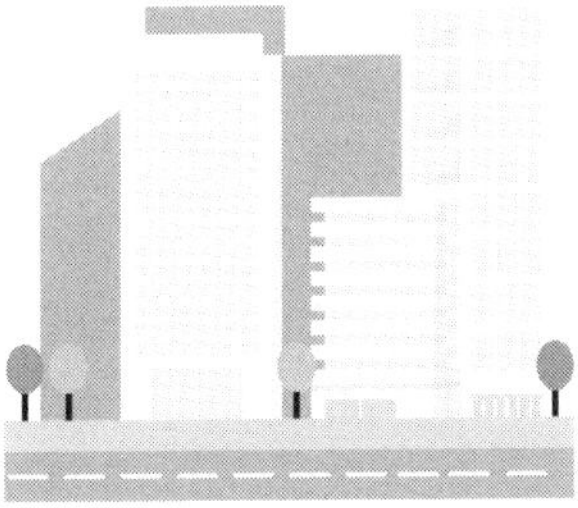

生まれ育った環境で、考え方も違うはずです。

あなたの考え、意見を述べるようにしましょう。

2 小論文では未来も織り交ぜる

先のページでは、小論文は「あなた」の過去について書くように述べましたが、今度は逆に、未来についても書くように意識しましょう。

これは、第6章でも述べましたが、受験生が書いた小論文は、その志望する学部の教授が読むことになります。

ならば、その志望する学部に沿った考えを書く必要があります。

たとえば、「オリンピックで何を期待しますか？」という問いがあったとします。

通常ならば、「日本人選手の金メダルを期待します」といった答えになるでしょうが、そこに、志望する学部を加味すると、違った意見に変わります。

経済学部志望ならば、「テレビなどの販売が好調となり、経済の活性化を期待する」とか、教育学部志望なら、「競技を始める子どもたちを応援したい」という答えが出てきそうなものです。

このように、小論文では、問題文を見て、「○○学部を志望する立場で考えると、どのような意見が出てくるのか」といった視点を持つようにしましょう。なぜなら、志望する学部の教授が、あなたの書いた小論文を読むのですから。

小論文では、あなたの「未来」も織り交ぜる

たとえば、オリンピックについて問われた時に…

経済学部志望ならば

テレビやDVDなどの
売上が伸びることを
期待したい。

教育学部志望ならば

競技を始める子どもが
増えることを期待したい。

あなたの志望学部に関連するような
考え、意見を述べるようにしましょう。

3 結論に至った理由を3つ挙げると字数は稼げる

第6章では、小論文は、序論・本論・結論で書くと述べましたが、実は、これでは、600〜1000字にも及ぶ分量の小論文は、なかなか書けません。

原稿用紙で2枚程度の小論文を書くには、本論をたくさん書かないと、字数が埋まらないものです。

では、本論をたくさん書いて字数を増やすにはどうすればいいでしょうか。

できれば、本論を3つ程度挙げると、字数が稼げます。

なぜそのような考えに至ったのかという具体的な根拠を3つ挙げれば、小論文そのものが、かなり説得力のある文章となります。

序論・本論・結論の順で書く小論文では、本論が重要で、分量では、全体の半分以上を書くことが求められます、

800字であれば、400字、つまり、原稿用紙1枚分以上は書く必要があります。

結論に至った理由が1つでは、字数が足りません。かといって、5つ以上もあると、読むほうが疲れてしまいます。ゆえに、3つ程度の理由を挙げるのが理想的と言えます。

字数を増やすコツは･･･

序論
私は○○○だと思う
なぜなら、○○○だからだ

↓

本論
その理由として３つある
一つめは･･･
二つめは･･･
三つめは･･･

↓

結論
だから、私は
○○○だと考える

本論で、理由を３つ述べると
800字程度の小論文に対応可能

4　理由が3つ挙がらない時の対策法　その1

小論文の本論では、結論に至った理由として3つ程度挙げるのが理想的です。

そうすると、当然ながら、問いに対する周辺知識が必要となります。

そもそも、小論文の問題は、志望する学部に関する知識を問うような問題が出題されます。たとえば、経済学部なら経済や金融に関する問題が、理工学部ならば、機械や情報・コンピュータに関する問題が出題されることでしょう。

そうすると、志望する学部に関する知識が必要なのは、言うまでもありません。

ただ、金融や機械についての授業は、普通科高校では、ほとんど行われていません。しかし、2022年度から始まっている「探究」を活用することで、小論文対策が可能です。

ゆえに、志望学部に結びつくような探究活動をしておくことが理想です。

それでも、小論文において、本論に書く理由が3つも思い浮かばない場合は、どうしましょう。

その場合、時系列で考えてみてはいかがでしょうか。

左のページのように、短期・中期・長期で考えてみると、アイデアが浮かんでくるかもしれません。ぜひ、参考にしてください。

小論文　困った時の解決法　その1

時系列(短期・中期・長期)で考えてみる

(例)地域活性化について、あなたができることは？

●短期(すぐにできること)
SNS等で、街の魅力を発信する

●中期(1年以内にできること)
季節ごとに、名所をアピールする

●長期(5～10年でできること)
道路の整備や建物の外観をきれいにしていく

**理由が3つ浮かばない時は、
短期・中期・長期で考えてみる**

5　理由が3つ挙がらない時の対策法　その2

小論文の本論を書く際に、理由が3つも浮かばない場合、時系列で考える、つまり、短期・中期・長期という視点で考えてみるということを先のページで述べました。

それでも、小論文の問題によっては、時系列で解決しにくい問題もあることでしょう。

その場合、さらに視点を変えて、年齢別に考えてみてはいかがでしょうか。

左のページのように、「観光客を呼び込むためにできることは何か」という問いに対し、観光客の年齢層を、10代未満から70代以上と分類すれば、8通りの方策が出てきそうです。たとえば、私が住む大阪を例にとると、10代の高校生が訪れたい観光地は、おそらくUSJ（ユニバーサル・スタジオ・ジャパン）ではないでしょうか。

しかし、70代の方々だと、大阪城や桜や紅葉のきれいな名所を希望されることでしょうし、出張で訪れる40代のサラリーマンだと、食文化を楽しみたいという方もいることでしょう。このように、年齢で分類すると、多様な意見が出てくるものです。

さらに、同じ年代でも、男性と女性では、趣味や嗜好が分かれることもあります。男女で分けると、8通りだった意見が、その2倍の16もの意見が出てくることになるでしょう。このように視点を変えてみることで、多様な意見を導くようにしましょう。

小論文　困った時の解決法　その2

視点を年齢・立場で変えてみる

(例)観光客を呼び込むために、できることは何か？

男性		女性
	10代未満	
	10代	
	20代	
	30代	
	40代	
	50代	
	60代	
	70代	

それぞれの年齢の立場になってみて理由を３つ考えてみよう

6 反対意見があることを書くと字数は稼げる

本論で、結論に至った理由を3つ書けば、字数が稼げると述べましたが、その学部に関する周辺知識なども必要となり、簡単ではないかもしれません。

時系列で考える、もしくは、年齢別で考えてみても、2つしか理由がひねり出せないという場合、反対意見を書いてみてはいかがでしょうか。

世間には、様々な意見があって当然で、反対意見も少なからずあるものです。

ならば、その反対意見があることも述べてみてはいかがでしょうか。

実際、小論文には、「反芻（はんすう）」「反駁（はんばく）」といった手法があります。

「反芻」は繰り返し考えることで、小論文においては、先述したことを、確認をこめて文章を繰り返すことですが、「反駁」は他人の批判に対して論じ返すことで、「反論」と同義語になります。

たとえば、観光客を呼び込むという小論文の問題に対して、観光客だけでなく、地元の人々の生活に支障がないような配慮が必要といった意見を書くことが「反駁」です。

このように、800字といった字数が埋まらない場合、反対意見を書くことで、字数が稼げる方法もあります。

字数が足りない時は、反対意見も入れてみる

序論　私は○○○だと思う
　なぜなら、○○○だからだ。

本論　その理由としては
　以下の通りだ。

反駁　ただ、世間には、反対意見があることも事実だ。そうした声にも丁寧に耳を傾ける必要がある。

結論　様々な意見があるのは承知しているが、私はこの件については、○○○だと考える。

反対意見を入れることで、
字数を稼ぐことは可能

7 原稿用紙に、あらかじめ、書くスペースを確保しておく

多くの大学の小論文の問題では、原稿用紙2枚程度の分量を書くことが求められます。もちろん、大学や学部によって書く分量は違いますので、過去の問題などを参考に、志望する大学が何字程度必要なのかは、あらかじめ調べておき、対策を練っておきましょう。

試験においては、問題文を読み、5〜10分程度を使ってでも、余白に小論文の核となる意見を100字程度でまとめてから、問題文に合わせた字数に広げていくという作業をすることをおすすめします。

100字程度にまとめる手法は、第6章で、小論文脳にして鍛えていくと述べました。

核となる文章をまとめて広げる際には、原稿用紙をうまく活用するようにしましょう。

書き始める前に、あらかじめ、序論、本論、結論を書くスペースを決めておきましょう。

さらには、本論も理由を3つ述べるならば、あらかじめ3つ分、どの程度のスペースを使うのか、その分量を決めておきましょう。

いきなり800字を書こうと思うから、途中で息切れするのです。まず、序論で200字、本論の1つめの理由で200字といったように、100〜200字を埋めていくようにすれば、800字であっても、スラスラ書けるのではないでしょうか。

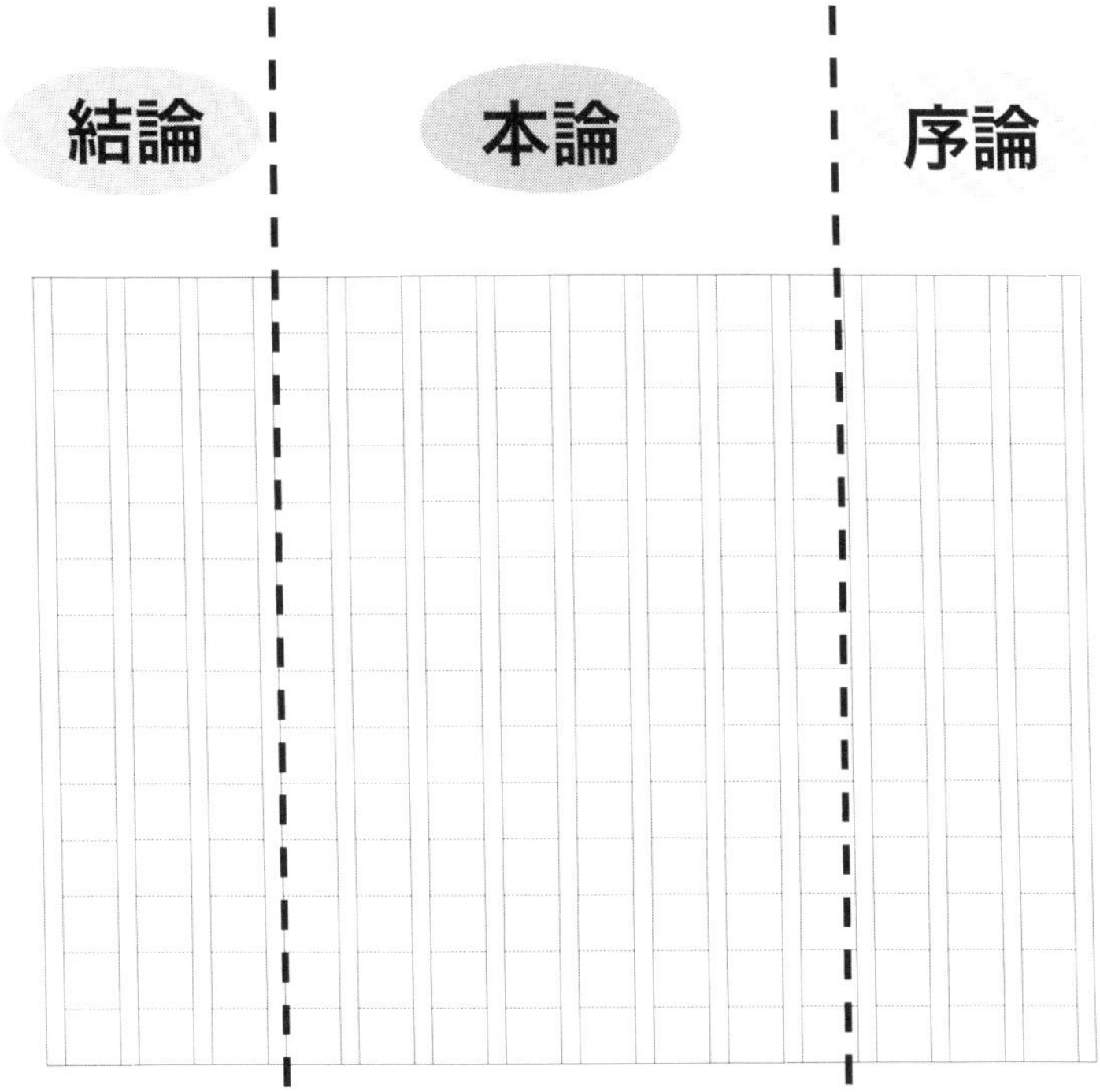

小論文を書き始める前に、
序論・本論・結論を書くスペースを
確保しておきましょう

あなたが、高校生活において、ジェンダーが不平等と感じることと、その解決法について述べなさい

序論

私たちの高校は、生徒会長も女子生徒で文化祭なども行事も、女子生徒が積極的に引っ張って活動しています。
逆に、男子がそうした活動に入りにくい印象を持っています。
なので、男子が参加しやすい環境を作りたいと考えます。

本論

たとえば、文化祭で作成する大きな看板など力の必要な作業があれば、男子生徒の協力を頼みやすいと考えます。
また、演劇などでは、男子が参加しやすい配役を考える工夫も必要でしょう。

反駁

高校生活に限らず、同じ性の人同士の集まりに、違う性の人が入りにくいのは仕方がないのかもしれません。
ただ、誰かが気を留めて、少しでも入って来やすいうように声をかけるといった思いやりや環境作りが必要だと考えます。

結論

誰もが活動に参加しやすい環境作りや、ほんの小さな心遣いで、楽しくなれるような高校にしていきたいと考えます。

あなたの「過去」をじっくり思い出して、
考えを述べるようにしましょう。

2 小論文の事例集 その2「小学生の携帯電話」について

先日、インターネットのニュースで、ある芸能人が「子どもにゲームや携帯電話を持たせないつもりだったが、周りの子がみんな持っているので、仕方なく買い与えた」といった記事が掲載されていました。

令和元年度の内閣府の調査では、小学生のスマートフォンの所持率は40％だそうですが、おそらく、低学年と高学年とでは違いもあり、高学年となると、その所持率は高くなることでしょう。大人にとっては、携帯電話がない生活なんて考えられないほど普及している必需品ではありますが、その携帯電話をめぐって、様々なトラブルが生じているのも事実です。

ただ、小学生の携帯電話の所持について、塾通いをする子どもには、セキュリティーの都合上、持たせることを否定できない事情もありそうです。

こうした状況を踏まえ、小学生の携帯電話の所持については、志望学部ごとに考え方も異なってくるでしょう。教育学部に進学希望であれば、「ネットリテラシーの重要性」を述べる必要があり、情報系学部に進学を希望であれば、青少年の育成に必要なアプリの開発といったことを小論文には書くべきでしょう。

小学生の携帯電話の所持について、
あなたの意見を述べなさい

●教育学部志望の場合

序論

　塾通いの生徒もいるので、所持には賛成だが、一定の制限を設けるべき。

本論

　たとえば、夜の10時以降は使えないようにするといった家庭内のルールをつくり、その罰則を「腹筋30回」など、子どもを鍛えて成長につながるようなものにする。

結論

　周りの子どもも持っている以上、持たせないというのは難しいので、各家庭で、子どもの成長につながるルールを決めて対応してほしい。

●情報学部志望の場合

序論

　携帯電話を持つ流れには逆らえないので、スマホの画面を工夫すべきと考える。

本論

　たとえば、小学生が持つスマホは、漢字や計算の問題をクリアしないと、アプリを起動できないといったものにする。

結論

「宿題をしてから遊びなさい」といった発想をスマホでも実践できるように工夫する。

あなたの「志望学部」に関連するような考えを述べるようにしましょう。

3　小論文の事例集　その3　「コロナ後の観光」について

この本を執筆している２０２３年４月、大型連休中のホテルの宿泊料が上昇しているという報道がありました。国内だけでなく、外国からの観光客も増加しており、観光地がにぎわう反面、宿泊するホテルが足らないといった状況になっているようです。

コロナ禍によって、それまで人気だった国際系・外国語系の学部の人気が落ち込みましたが、おそらく、今後は人気が回復していくものと見込まれます。

国際系、外国語系の学部を志望するとなれば、外国人観光客の動向には注視しておくべきでしょう。

また、日本で外国人を受け入れる側という視点だけでなく、あなた自身が、海外に行って観光客となることもあります。いや、海外に限らず、国内においても、観光客となることでしょう。

つまり、受け入れる側の視点と、観光客としての視点の両方を持つと、小論文の字数が足らない場合には、有効となることでしょう。

いずれにせよ、国際系・外国語系の学部に進学を希望であれば、訪日観光客の増加といったニュースはチェックしておきましょう。

日本を訪れる外国人観光客が、再度、日本を訪れるようにするのは、どうすればいいか

序論

一度、訪日した外国人が、旅行地に、再度、日本を訪れるようにするのは、以下の３つの方法を提案したい。

本論

まず、「陶芸」や「生け花」など日本でしかできない体験で、日本を好きになってもらう。
次に、観光地が発信するSNS等のフォロワーの登録をしてもらい、四季折々の風景を投稿。
夏に来ていただいた方には、次に、冬にも来ていただけるよう、冬景色の魅力を発信する。
あと、これは、行政側やホテルの協力が必要となるが、再度の訪日客には、割引といった特典を作る。

結論

すぐにできること、１年間かけてできること、長期的にしていくべきことと分けて考え、たくさんの外国人が日本を好きになる方法を考えていきたい。

短期・中期・長期に分けて
考えを述べるようにしましょう。

4　小論文の事例集　その4　「食品ロス」について

国連が定める持続可能な開発目標＝ＳＤＧｓの2番目に「飢餓をゼロに」とあります。飽食といわれる時代においても、世界では、食糧難に苦しむ人たちが多く存在しています。そこで、我々にできることと言えば、捨てられる食品を少しでも減らすことです。

ただ、ここで、捨てられる食品の定義を、2つに分けて考えましょう。

それは、目の前に出された食事を残さず食べるということと、冷凍食品やハムやお菓子など賞味期限まで一定期間のある加工食品をどうするかということです。

まず、目の前に出されて、残った食事を流通させるなんてことはできません（家畜のえさにする事例はあります）。この場合、３０１０運動と言って、宴会時に、最初の30分と、最後の10分は、会話よりも食事に集中しましょうというものがあります。高校生においては、こうした運動を普及させるようなポスター制作などができそうです。

そして、加工食品のロスをなくす方策は、いろいろなアイデアができそうです。高校の探究活動で、こうした取り組みについて調べている高校生もいることでしょう。

栄養系の学部や、経済系・社会学系の学部を志望する生徒においては、こうした問題にも、関心を持っておくようにしましょう。

食品ロスをなくすにはどうすればいいか
あなたの考えを述べなさい

●栄養学部志望の場合

序論

ハムや乳製品などの加工食品は、賞味期限まで時間があるので、家庭で簡単に調理できるようなレシピを作りたい。

本論

肉や野菜などの生鮮食品をあまり使わず、ハムや乳製品などの加工品を使って簡単にできるお惣菜やおやつなどのレシピを作って公開していきたい。

結論

このように、加工食品を簡単に使って作れるレシピを公開して、食べられるものを有効活用できるようにしたい。

●経済学部志望の場合

序論

ハムや乳製品などの加工食品は、賞味期限まで時間があるので、それをネット上で流通できるサイトを作りたい。

本論

需要と供給を結び付けるようなサイトを立ち上げることで、食品ロスを防ぐことができるのではないか。

結論

本来ならば、こうしたサイトが流行らないことが望ましいが、でも、食品ロスは防ぎたい。

あなたの「志望学部」に関連するような
考えを述べるようにしましょう。

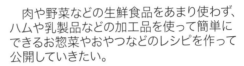

5 小論文の事例集 その5 「ヤングケアラー」について

ここ数年で聞かれるようになった言葉として、「ヤングケアラー」を耳にします。これは、中学生・高校生などの若年層である「ヤング」が、父母や祖父母の世話をする人＝「ケアラー」になっている状況で、これにより、中高校生の学習時間を介護に充てなければならないといったことや、経済的に困窮するといったことが生じています。

こうした問題は過去にもあったと思われますが、ここ数年、新聞等で取り上げられることが増えたため、社会全体で認識するようになっています。

このヤングケアラーについては、社会全体の問題であるため、社会学部などの学部だけでなく、介護・福祉といった問題にもなるため福祉系の学部や、看護・医療系の学部にも関わってくる問題です。

ただ、介護等に関する問題の多くは、経済的理由が原因だというものも多く、「お金があれば介護施設で…」と、解決できるものも少なくありません。

行政側による医療費などの経済的な支援が必要なのは言うまでもありませんが、ただ「行政による支援を望む」では、他の受験生も書きそうな意見です。そうした行政側の支援を受けた上で、さらに何ができるかを考えるようにしましょう。

ヤングケアラーについて、経済的な支援以外にどういった支援が必要だと考えるか

序論

ヤングケアラーが介護をしている相手がどのような年齢なのか、それによって対処法が違ってくるのではないか。

本論

まず、弟や妹の場合。親は健常者であるだろうから、現在も、親と協力して世話にあたっていることだろう。休日に1日中子どもを預けられる保育園のような施設があれば、せめて休日だけでも助かるのではないか。

次に、親に介護が必要な場合。親を施設に預けるのは簡単ではないはず。毎日、親と会話をすることも大切。この場合、訪問ヘルパーの回数を多くしてもらいたい。

祖父母の場合、高齢者を受け入れてくれるグループホームなどが増えており、そうした施設を活用できないものか検討したい。

結論

ただ、どのような支援を受けようにも、経済的な支援は欠かせない。行政側による支援の拡充を望まずにはいられない。

介護を受ける側を、年齢別に分けて考えを述べるようにしましょう。

6 小論文の事例集　その6「災害復興」について

日本は地震大国と言われており、実際、阪神・淡路大震災や東日本大震災など、甚大な被害をもたらす地震が起こっています。

地震に限らず、ゲリラ豪雨などの台風や大雨による災害も、ほぼ毎年、日本のどこかで被害にあわれている方がおられます。

こうした頻発する災害から、いかに復興していくのかを考えることは、建築工学や土木工学などを志望する高校生には、常に意識を持ってほしい学問分野です。

地震に強い建物を建設するのはもちろん、人が快適に暮らせるまちづくり、高齢者が暮らしやすいバリアフリーの道路など、災害復興と一言で言っても、そこには、様々な知識や技術が求められます。

当然ながら、詳しい知識や技術については、大学入学後に学ぶことになりますが、入学前にも、こうした問題意識等を持っておくことが求められます。

こうした災害復興についても、そのターゲットを、子どもや高齢者など、年齢別や男女別に考えれば、様々なアイデアが浮かんでくるのではないでしょうか。

小論文を書く際には、様々な視点で物事をとらえるようにしましょう。

災害復興に際して、街づくりに意識したいことは何か

序論

　赤ん坊からお年寄りまで、どの年齢層も安心して暮らせる街をつくりたい。

本論

　まず、幼少期の子どもが安心して遊べる児童公園の整備に努めたい。休日には、家族でバーベキューが楽しめるような公園もつくりたい。
　そして、中学生や高校生が学びに集中できるような図書館を充実させる。教育の環境が整うと、安心して子育てができるので、３０～４０代の子育て世帯が引っ越してきて街に活気が生まれる。
　あと、高齢者が安心して歩けるよう、歩道には、自転車専用レーンをつくりたい。

結論

　こうして、老若男女が安心して暮らせるそんな街づくりをしたい。

街で暮らす側の人を年齢別に分けて考えを述べるようにしましょう。

▼おわりに

最後まで読んでくださり、ありがとうございます。

本書は、私にとって35冊目の著書になります。

そのうち、志望理由書や小論文の書き方に関する本を10冊以上執筆しておりますが、最初に出版したのが、『スラスラ書ける志望理由書・小論文の書き方・超キホン講座』という本で、今から15年前の２００８年のことでした。

その当時、アドミッション・オフィス入試（現在の総合型選抜）で入学した学生は、国公私立すべてで4万人ほどだったものが、２０２２年度入試では、８万人と倍増しています。

２００８年に志望理由書・小論文に関する本を出版してから、この15年の間、私は全国の高校で、志望理由書や小論文の書き方の講演をしておりますが、その依頼が年々増えていることを実感しております。

特に、この数年、増え方が急増しているように感じ、私なりに、その原因を考えてみました。その要因として３つありますが、あくまでも、私の個人的な感覚です。少し長くなりますが、昨今の入試事情を知る上でも、お付き合いいただけると幸いです。

まず、私立大学の定員厳格化です。

これは、２０１６年度の大学入試から始まった私立大学の入学定員を厳格化するという、つまりは、入学定員を大幅に超過した大学に対して、経常費補助金の配分基準を厳しくするというものです。

定員を大幅に上回る入学者を受け入れているのなら、授業料もたくさん徴収しているのだから国からの補助金を打ち切りますよ、というもので、具体的には、大規模の大学では、定員の1.1倍を超える入学者となれば、その私立大学は補助金を打ち切られることになるというものでした。

そうなると、私立大学は、多めに合格者を出すことを控え、合格者数をしぼるようになります。これにより、昨年までなら合格できたであろう学力の受験生が、軒並み不合格になるという事態が生じたのです。

こうした厳格化の影響を受ける私立大学というのは、早慶やＭＡＲＣＨ、日東駒専などの首都圏の大学、そして、関西では、関関同立や産近甲龍などの、いわば受験生が集中する都市部で人気のある私立大学です。

これにより、こうした私立大学を目指す受験生の一部が、合格が見通せない一般選抜を避け、早めに合否が分かる総合型選抜（当時はＡＯ入試）や学校推薦型選抜入試に流れることになりました。

この定員厳格化と、ほぼ時を同じくして、２０１７年6月に、地方創生の一環として、東京23区内の大学の定員増を認めない方針を閣議決定しました。

これは、受験生を東京23区に集中させず、地方の大学の定員を満たせるようにする施策ですが、これも、首都圏の私立大学を目指す受験生にとって、一般選抜では合格を勝ち取れないのでは、という心理に拍車がかかり、結果、総合型選抜や学校推薦型選抜に走らせることになったのではないかと推測します。

逆に、定員厳格化や23区内の定員増を認めない方針は、地方の国公立大学には追い風になりました。

なぜなら、都市部の優秀な受験生を確保できる機会にもなったのです。国公立の大学とは言え、地方では、18歳人口の減少もあり、優秀な学生の確保は難しくなっています。

定員厳格化などによって、地方の高校生が都会に行かず、地方にとどまるだけではなく、逆に都市部の高校生が都市部の大学に進学できないとなると、地方にも目を向けることになり、都市部の高校生に来てほしい地方の国公立大学にとっては、絶好の機会となります。

ただ、実は、ここである問題が生じます。

都市部の、早慶やＭＡＲＣＨ、関関同立などを目指す受験生の多くは、５教科ではなく、３教科しか勉強をしていません。しかし、国公立大学の多くは、大学入学共通テスト（当時は大学入試センター試験）で５教科を課しており、これでは、都市部の優秀な高校生は受験をしてくれません。

そこで、一般選抜でも３教科でも受験できるような入試とするほか、総合型・学校推薦型選抜を導入して、学習意欲が高く、一芸に秀でたタイプの受験生を受け入れようという動きになっています。

この結果、都市部の私立大学に総合型・学校推薦型選抜で受験する生徒が増えただけでなく、地方の国公立大学も、総合型・学校推薦型選抜で、都市部の優秀な学生を確保できるようになりました。


２番目の理由として、東京大学が２０１６年から学校推薦型選抜を導入したことも、推薦入試などが増える要因になったと考えます。

東京大学の学校推薦型選抜入試は、大学入学共通テストで５教科を受験することが必須ですが、それでも、「あの東大も推薦を」という情報は、受験業界では衝撃をもって伝えられることになりました。

東大が学校推薦型選抜を始めると、「あの東大もやっているのならウチの大学も」と、それに続く大学も出てきて、全国的に広がったのではないでしょうか。

3つ目としては、大学入学共通テストの導入も、その要因であると推測します。

大学入学共通テストは、2020年度から、これまでの大学入試センター試験の後継として導入されましたが、従来の暗記詰め込み型の学習では対応できないような思考力をはかる試験ということで、その対策が難しく、また、試験時間が足らないといった声もあり、受験生が敬遠しているとも言われています。

大学入学共通テストの全体の受験者が減ると、おそらく、国公立大学、とりわけ、地方の国公立大学の受験者も、必然的に減少するのではないでしょうか。

一般選抜で受験する高校生が減少するのなら、総合型・学校推薦型選抜で、受験生を早めに確保しようとする、そのような国公立大学が出てくるのも、抗えない流れと言えます。

志望理由書や小論文に関する講演の依頼が増えていると推測する3つの理由、つまり、大学の定員厳格化、東京大学の学校推薦型選抜の導入、大学入学共通テストの実施は、あくまでも私の推測ではありますが、全国の高校の先生方から話を聞く限りでは、大きくは間違っていないと確信しております。

こうした志望理由書や小論文を必要とする入試は、今後も増えると予想します。その大きな理由は「少子化」です。18歳人口が減少することは確実で、2023年現在、18歳人口は112万人ですが、2022年に生まれた新生児は79万人で、つまり、18年後には、現在より、約3割減少することが確実となります。

2022年の大学進学率（短大含む）は60%で、約66万人が大学や短大に進学していることになります。

18年後に、今と同数の66万人が、大学や短大に進学するとした場合、18歳人口の85%が進学することとなりますが、おそらく、そこまで上昇はしないと推測します。美容や調理といった専門学校への進学希望者が一定数いるほか、高卒での人材を望む企業もあり、結果、18歳人口が減少の一途の中で、大学は受験生の奪い合いという競争を強いられることになります。

そうなると、受験は二極化し、人気のある大学は、受験生が集中することから、入試のハードルを高くして難化するものと思われ、逆に、人気のない大学は、学力のハードルを下げて軟化していくことでしょう。

特に私立大学では、「難化する大学」と「軟化する大学」の二極化すると予想します。

まず、「難化する大学」ですが、人気のある上位大学も、国際化の潮流に逆らえず、安閑としていられません。海外でも通用するような人材の育成に努めなければ、今は良くても、数年後には、受験生から選ばれない大学になりかねません。

そのためには、偏差値至上主義で暗記詰め込み型の入試で合格してきたガリ勉タイプの学生ばかりでなく、とんがった発想を持った学生、自己主張の強い学生、プレゼンテーション、コミュニケーション能力の高い学生など、個性あふれる受験生を確保し、大学で育成していくという使命を担っています。

その結果、大学入試で個性あふれる受験生を吟味するため、志望理由書や小論文を重視する入試が増加するものと思われます。

さらには、高校で探究の授業も始まっています。

探究で学んだことを、大学でさらに探究していくといったことを志望理由にする高校生も増えており、こうした探究心あふれる受験生を確保したいという思惑も、大学側にはあることでしょう。

☆おわりに

反対に、「軟化する大学です」が、私が住む関西の大学入試において、2022年度入試では、関関同立や産近甲龍といった受験生に人気のある大学は、その受験生が前年並みを維持したものの、それに続くとされるクラスの大学や、偏差値が低いと位置づけられる大学の中には、前年に比べ大きく受験生を減らした大学もありました。

さらには、地方都市で上位と位置付けられる大学においても、競争率が1倍台と、ほぼ全入となるような学部もあり、地方都市においては、入試が軟化しているのは明らかとなっています。もちろん、定員を確保できない大学も多数あります。

こうした大学では、入試のハードルを下げてでも入学者の確保をはかるため、受験の科目を減らすほか、ほぼ面接だけの指定校推薦を増やすといった策に走ります。

ただ、無試験というわけにもいかず、また、無気力の高校生を入学させても、中退することが予想されるため、志望理由書や面接で、本人の意欲を問うというスタイルの入試が多くなると思われます。

国公立大学の中でも、特に公立の大学は、学生を確保する動きが活発となることでしょう。

2025年1月実施の大学入学共通テストから、新たに「情報」が加わります。国立大学の6割が「情報」を必須としていますが、公立大学で必須としたのは、2割にとどまっています。明らかに受験生の負担が重たくなるためであり、そうした入試における負担の軽減をはかり、受験生を確保しようという思惑が見えなくもありません。

さらには、総合型・学校推薦型選抜を実施する公立大学で、共通テストの情報を必須としているのは、わずか6大学です。

ことの良し悪しを論ずるよりも、受験生においては、志望理由書や小論文で勝負ができる国公立大学が多くあることを知り、その対策を早くから立てることを意識しましょう。

かなり長くなりましたが、数多くの高校の先生方や大学入試の関係者と面談して得た、昨今の大学入試事情と今後の大学入試について述べさせていただきました。

少子高齢化は、この本を読んでくださった高校生が生きていく世の中が、今までの常識が通用しないものへと変わるかもしれません。

時代の潮流に乗り、変化に乗り遅れないような対応ができるよう、自分の意思を持ち、また、自己主張できるような素養を身につけてほしいと願っております。

「難化」であれ、「軟化」であれ、大学側にそれぞれの事情や思惑があるにせよ、受験生の側においては、たとえ仕方なくであっても志望理由書を書くことは、「なぜ、大学に進学するのか」が明文化されることになります。

ただ、なんとなく大学に入学するよりも、大学で何を学べるのかを高校時代に知っておくことは、大学入学後の生活に、大きな違いがあることでしょう。

大学での4年間は、20歳前後の、人生の基盤を作る上で重要な4年間です。様々なことを学び、知識を吸収し、様々な研究に没頭し、貴重な経験を積む、そのような4年間となるよう、まずは、入学前に、その志望理由を明確にしておきましょう。

最後に、本書を手に取ってくださった受験生のみなさんが大学合格を勝ち取って、有意義な学生生活を送り、社会に貢献できる人材となることを期待しております。

■著者プロフィール■

石橋　知也（いしばし　ともや）

●昭和47年生まれ。奈良県立平城高等学校〜京都産業大学法学部卒。

●関西銀行（現・関西みらい銀行）に入行し、個人顧客の住宅ローンや資産運用のほか、中小企業向けの融資担当として銀行の基幹店である本店営業本部での営業担当者として活躍。

●その後、外資系のアクサ生命保険会社に転職し、個人顧客のライフプラン作成や法人向けのリスクマネジメントを担当する。

●現在は、進学マネープランナーとして、全国の高校で保護者を対象に「奨学金・教育ローン説明会」の講演をはじめ、高校生向けのキャリア教育や面接指導、小論文対策講座など、年間270件以上の講演活動をしている。

●また、教育費の専門家として、ＮＨＫ総合テレビ「家計診断・おすすめ悠々ライフ」（教育費を工面するには）にも出演した。

●著書として、『年収300万円で子どもを大学に入れる方法』『スラスラ書ける「志望理由書・小論文」の超キホン講座』『学校では教えてくれない推薦・AO面接の超裏ワザ講座』『１日１分文章力がなくてもスラスラ書ける小論文の超書き方講座』『オープンキャンパスの超トクする歩き方講座』（ともにエール出版社）、『大学・専門学校進学のための進学費・奨学金・教育ローンガイド』（九天社）、『最新生命保険の基本と仕組みがよ〜くわかる本』（秀和システム）など多数。

総合型・学校推薦型選抜で合格する
志望理由書・小論文の書き方

2023年6月20日　初版第1刷発行

著　者　石　橋　知　也
編集人　清　水　智　則　　発行所　エール出版社
〒101-0052　東京都千代田区神田小川町2-12
信愛ビル４Ｆ
e-mail ： info@yell-books.com
電話　03(3291)0306
FAX　03(3291)0310

＊定価はカバーに表示してあります。
＊乱丁本・落丁本はおとりかえいたします。

ISBN978-4-7539-3542-0